한눈에 보는
구약 성경

Old Testament

한눈에 보는 구약성경

이영훈 지음

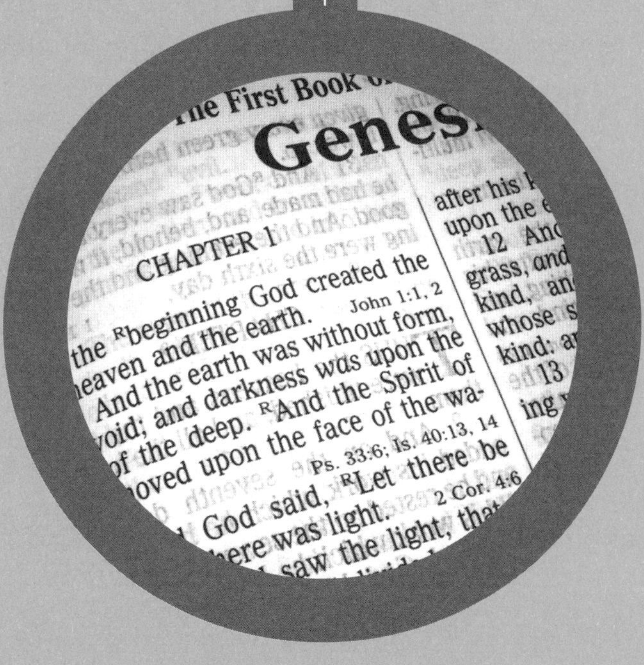

서울말씀사

성경 교육 교재를 펴내며

누구든지 예수님을 믿으면 구원을 받고 하나님의 자녀가 됩니다. 하지만 구원을 받은 것이 신앙의 전부는 아닙니다. 우리는 이미 받은 구원을 삶 속에서 이루어 나가야 합니다. 하나님은 우리가 영적으로 성장하여 예수님을 닮은 모습으로 살아가기를 원하십니다. 그러므로 우리는 말씀을 통해 하나님의 뜻을 깨닫고, 하나님이 기뻐하시는 삶을 살아야 합니다.

특히 교회의 제직은 말씀 안에서 변화되고 성장하는 것이 중요합니다. 성도들을 섬기고 바른길로 인도하는 영적 리더로서 믿음의 본이 되어야 하기 때문입니다. 디모데후서 3장 16절에서 17절은 다음과 같이 말씀합니다.

> "모든 성경은 하나님의 감동으로 된 것으로 교훈과 책망과 바르게 함과 의로 교육하기에 유익하니 이는 하나님의 사람으로 온전하게 하며 모든 선한 일을 행할 능력을 갖추게 하려 함이라"

하나님의 말씀은 단순한 지식이 아니라 우리의 인생을 변화시키는 위대한 생명의 능력입니다. 날마다 말씀을 읽고 묵상하고 공부하여 하나님의 뜻을 깨닫고, 그분의 말씀대로 살아갈 때 우리는 비로소 온전한 하나님의 사람이 될 수 있습니다.

이를 위해 본 교재는 성경 66권을 체계적이고 명확하게 이해할 수 있도록 성경 각 권의 구조와 중심 메시지, 핵심 내용을 정리하였습니다. 또한 절대 긍정, 절대 감사와 관련된 질문을 추가하여 순복음 신앙의 핵심을 깨달을 수 있도록 구성하였습니다. 이 교재를 통해 성경의 전반적인 내용을 배우고, 말씀의 능력을 체험하며, 더욱 깊은 신앙으로 나아가기를 소망합니다.

부디 이 교재를 사용하는 모든 분이 말씀과 동행하며, 삶 속에서 성령의 열매를 풍성히 맺고, 예수님을 닮아가는 믿음의 여정을 걸어가시기를 간절히 기도합니다. 하나님의 크신 은혜와 평강이 삶 가운데 늘 함께하시기를 바랍니다.

여의도순복음교회
담임목사 이영훈

Contents

III. 시가서(5권)

IV. 예언서(17권)

I. 율법서

모세오경 | 5권

창세기 | 출애굽기 | 레위기
민수기 | 신명기

창세기 *Genesis*

"말씀으로 창조된 아름다운 세상에서 인간과 동행하시는 하나님"

NOTE

1. 들어가며

창세기는 히브리어 '베레쉬트'에서 유래된 단어로, '태초에'라는 뜻을 가지고 있다. 이 책은 하나님이 천지를 창조하시고 인간과 언약을 맺으며 구원 계획을 시작하는 과정을 담고 있다. 이를 통해 우리는 구원의 역사가 어떻게 이루어지는지 이해할 수 있다.

2. 한눈에 보기

창세기는 인류의 원역사와 족장들의 이야기로 나뉜다. 인류의 원역사는 하나님이 천지를 창조하신 후 인간의 죄로 세상이 타락하는 과정을 담고 있다. 족장들의 이야기는 아브라함으로 시작된 하나님의 구원 계획과 그의 후손을 통해 이루어지는 하나님의 역사를 보여준다. 창세기는 창조와 타락, 그리고 구원의 시작을 기록하며 하나님의 구원 역사를 이해하는 데 중요한 토대를 제공한다.

3. 중심 메시지

1) 창조, 타락, 구원: 하나님이 세상을 창조하셨지만 인간의 죄로 인

NOTE

해 세상이 타락했다. 그럼에도 하나님은 구원 계획을 세우시고, 아브라함과 그의 후손을 통해 하나님의 뜻을 이루어 가신다. 이것은 하나님의 절대적인 주권과 우리를 향한 신실한 사랑을 나타낸다.

2) 믿음과 순종: 아브라함, 이삭, 야곱, 요셉 등은 하나님의 말씀을 믿고 순종함으로써 하나님의 축복을 받았다. 이들의 삶은 오늘날 우리에게 믿음과 순종이 얼마나 중요한지를 보여준다.

3) 하나님의 섭리와 약속: 창세기에 기록된 다양한 사건들은 인간의 실패에도 불구하고 언약을 지키시는 신실하신 하나님의 인도하심과 보호하심을 보여준다. 이러한 이야기를 통해 우리는 하나님이 우리의 삶을 주관하며 변함없이 함께하신다는 사실을 깨달을 수 있다.

4. 구조

구분	범위	주요 내용
인류의 원역사	1-11장	천지 창조, 인간의 타락, 홍수, 바벨탑 사건
족장 이야기	12-50장	아브라함, 이삭, 야곱, 요셉 이야기

5. 내용 분석

1) 창세기 1-11장 | 인류의 원역사

(1) 천지 창조와 인간의 기원(1–2장)

① 천지 창조(1:1-2:3)

태초에 하나님이 말씀으로 천지를 창조하셨다. 첫째 날에는 빛을 창조하시어 빛과 어둠을 나누셨고, 둘째 날에는 하늘을, 셋째 날에는 바다와 땅을, 그리고 땅 위의 식물을 만드셨다. 넷째 날에는 해와 달과 별을, 다섯째 날에는 물고기와 새를, 여섯째 날에는 땅의 동물과 인간을

NOTE

창조하셨다. 인간은 하나님의 형상대로 창조되었으며 모든 피조물을 다스리는 권한을 받았다. 모든 창조를 마친 하나님은 일곱째 날에 안식하시고 그날을 거룩하게 하셨다.

창세기 1장 27-28절을 적어보세요.

② 인간 창조(2:4-7, 21-25)

하나님은 흙으로 사람을 빚으시고 그 코에 생기를 불어넣어 생령이 되게 하셨다. 이후 아담을 깊이 잠들게 하신 후 그의 갈빗대를 취하여 여자를 만드셨다. 하나님이 여자를 아담에게 데려오셨을 때 아담은 여자를 보고 심히 기뻐하며 그녀와 연합하여 한 몸을 이루었다.

창세기 2장 7절을 적어보세요.

③ 에덴 동산(2:8-17)

하나님은 에덴동산을 창설하시고 아름답고 먹기에 좋은 나무가 자라게 하셨다. 그중에는 생명나무와 선악을 알게 하는 나무도 있었다. 하나님은 아담에게 동산의 다른 나무의 열매는 먹어도 되지만, 동산 가운데 있는 선악을 알게 하는 나무의 열매는 절대로 먹지 말라고 명령하시고 먹는 날에는 반드시 죽을 것이라고 경고하셨다.

NOTE

창세기 2장 15-17절을 적어보세요.

(2) 죄의 기원과 타락(3장)

하와가 뱀의 유혹에 넘어가 선악과를 먹었고 아담도 함께 먹음으로써 죄가 세상에 들어왔다. 하나님은 아담과 하와에게 죄에 대한 형벌을 내리시고 그들을 에덴동산에서 추방하셨다. 이것은 죄로 인해 인간에게 고통이 찾아왔고, 하나님과의 관계가 단절되었음을 의미한다. 그런데도 하나님은 인간을 사랑하셔서 구원의 길을 예비하셨다.

창세기 3장 15절을 적어보세요.

(3) 가인과 아벨(4장)

하나님은 가인의 제사는 받지 않으시고 아벨의 제사는 받으셨다. 가인의 마음 상태와 그의 제물이 합당하지 않았기 때문이다. 가인은 이에 분노하여 동생 아벨을 죽이고 말았다. 하나님은 동생을 죽인 가인을 벌하시면서도 동시에 그에게 보호의 표를 주셨다. 이후 가인은 에덴 동쪽으로 가서 새로운 삶을 시작했다.

창세기 4장 15절을 적어보세요.

NOTE

(4) 노아의 홍수(6–9장)

① 대홍수의 원인(6:1-7)

하나님은 세상에 죄가 가득하고 인간의 생각과 계획이 항상 악한 것을 보시고 세상을 심판하기로 결정하셨다. 그러나 의로운 노아를 선택하여 그에게 방주를 지어 가족과 각종 동물을 구하라는 명령을 내리셨다. 노아는 하나님의 말씀에 순종하여 방주를 완성했다. 하나님은 40일간 비를 내려 세상을 물로 덮으셨다. 그 결과 세상은 심판을 받았고 방주 안에 있던 노아와 가족, 그와 함께 한 동물들만이 구원을 얻었다.

창세기 6장 5-6절을 적어보세요.

② 노아의 방주와 무지개 언약(6:8-9:17)

홍수가 멈추고 물이 마른 후, 노아와 그의 가족은 방주에서 나와 제단을 쌓고 하나님께 제사를 드렸다. 하나님은 노아의 제사를 기쁘게 받으시고 다시는 물로 세상을 심판하지 않겠다고 약속하시며, 언약의 증거로 무지개를 보여주셨다. 이후 노아와 그의 자손들은 세상에서 번성하며 새로운 시작을 이루어갔다.

창세기 9장 16절을 적어보세요.

NOTE

(5) 바벨탑 사건(10–11장)

사람들은 하나의 언어를 사용하여 하늘에 닿을 만큼 높은 탑을 쌓아 자신들의 이름을 높이고 흩어지지 않으려고 했다. 이러한 행동은 하나님을 대적하려는 인간의 교만과 자기중심적인 악한 마음을 드러낸다. 하나님은 그들의 언어를 혼잡하게 하시고 그들을 온 세상에 흩으심으로써 그들의 계획을 멈추셨다.

창세기 11장 6-7절을 적어보세요.

2) 창세기 12-50장 | 족장 이야기

(1) 아브라함(12–23장)

① 아브라함의 부르심과 언약(12:1-3)

하나님은 아브라함을 부르시고 고향과 친척, 아버지의 집을 떠나 하나님이 지시하시는 땅으로 가라고 명령하셨다. 이어 아브라함을 통해 큰 민족을 이루고, 모든 민족이 그를 통해 복을 받게 하겠다고 약속하셨다. 이 언약은 아브라함이 하나님의 구원 계획에서 중요한 역할을 맡게 될 것을 보여준다.

창세기 12장 1-3절을 적어보세요.

NOTE

② 순종과 믿음의 연단(12:4-23:20)

아브라함은 하나님의 부르심에 순종하여 믿음으로 가나안을 향해 떠났다. 그 과정에서 여러 가지 시험과 연단을 겪었으나 오랜 기다림 끝에 약속의 자녀 이삭을 얻었다. 이후 모리아 산에서 이삭을 바치라는 하나님의 시험에 순종하여 믿음의 조상이 되었다.

창세기 22장 16-17절을 적어보세요.

(2) 이삭(24–26장)

① 이삭의 축복과 결혼(24장)

나이가 많이 든 아브라함은 종을 자신의 고향에 보내어 이삭의 신붓감을 찾도록 했다. 종은 주인의 고향에서 리브가를 만나 그녀의 성품과 헌신적인 모습을 확인하자 이를 하나님의 인도하심이라고 믿었다. 이삭은 리브가와 결혼하여 믿음의 가정을 이루었다.

창세기 24장 67절을 적어보세요.

② 이삭의 삶과 순종(25-26장)

이삭은 아브라함의 믿음을 본받아 하나님의 약속을 신뢰하며 순종했다. 기근이 들었을 때도 하나님의 말씀에 따라 그랄 땅에 머물며 농사를 지어 백배의 수확을 얻었다. 또한 아비멜렉에게 우물을 빼앗기는 어려움 속에서도 다투지 않고 양보하여 번성의 복을 받았다.

NOTE

창세기 26장 24절을 적어보세요.

(3) 야곱(27–36장)

① 야곱의 장자권 획득과 타향살이(27-31장)

야곱은 리브가의 조언을 따라 아버지 이삭을 속이고 형 에서가 받을 축복을 가로챘다. 이로 인해 분노한 형 에서를 피해 외삼촌 라반의 집으로 도망치던 중, 벧엘에서 하나님을 만나 축복과 동행의 약속을 받았다. 라반의 집에서 야곱은 레아와 라헬을 아내로 맞이하고, 20년간의 고된 노동 끝에 많은 자녀와 재산을 얻었다. 이후 라반과의 갈등을 끝내고 고향으로 돌아가기로 결심했다.

창세기 28장 13-14절을 적어보세요.

② 이스라엘이 된 야곱(32-36장)

고향으로 돌아가던 야곱은 형 에서를 만나는 것을 매우 두려워하여 하나님께 간절히 기도했다. 얍복강에 이르러 그는 가족과 모든 소유를 건너게 한 후 홀로 남아 어떤 사람과 씨름했다. 야곱은 허벅지 관절이 어긋나는 고통을 겪으면서도 그 사람을 놓치 않고 끝까지 붙들었다. 하나님은 그의 이름을 '야곱'에서 '이스라엘'로 바꿔주시고 축복을 허락하

NOTE

셨다. 이후 야곱은 에서와 극적으로 화해하고 가나안 땅에 정착했다.

창세기 32장 28절을 적어보세요.

(4) 요셉(37–50장)

① 요셉의 꿈과 연단(37-40장)

요셉은 아버지의 특별한 사랑을 받아 형들의 시기를 받았다. 결국 형들은 요셉을 미워하여 그를 애굽의 상인에게 팔아넘겼고, 요셉은 보디발의 집 가정 총무로 일하게 되었다. 그는 성실함과 하나님의 은혜로 보디발의 신뢰를 얻었지만, 억울한 누명을 쓰고 감옥에 갇혔다. 감옥에서도 요셉은 하나님의 축복으로 형통하여 간수장의 신뢰를 받았다. 이후 그는 떡 굽는 관원장과 술 맡은 관원장의 꿈을 하나님의 지혜로 해석해 주었다.

창세기 40장 8절을 적어보세요.

② 꿈의 실현과 신앙고백(41-50장)

요셉은 바로의 꿈을 해석하여 애굽의 총리가 되었고, 7년의 풍년 동안 7년의 흉년을 준비하여 백성을 구원했다. 기근으로 애굽에 온 형제들과 다시 만나게 된 요셉은 자신의 신분을 밝히고 그들을 용서하며 하나님의 섭리를 찬양했다. 요셉은 생애 마지막 순간까지 하나님의 약속을 믿고 형제들에게 자신의 유골을 약속의 땅에 묻어 달라고 유언했다.

NOTE

창세기 50장 20절을 적어보세요.

6. 절대 긍정, 절대 감사 Point

1) 믿음과 순종 속에 담긴 절대 감사의 원리

아브라함은 하나님의 말씀에 순종하여 믿음의 여정을 시작했다. 이후 많은 어려움 속에서도 믿음으로 순종하여 하나님의 축복을 받았다. 우리도 모든 상황에서 하나님을 믿고 순종하면 하나님이 주시는 축복을 경험할 수 있다.

요셉의 삶에서 배워야 할 절대 긍정의 자세를 적어보세요.

2) 고난 속에서도 절대 긍정의 삶

요셉은 형들의 시기를 받아 애굽에 노예로 팔려가고, 보디발 아내의 모함을 당해 감옥에 갇히는 고난을 겪었지만, 하나님을 신뢰하며 절대 긍정의 자세를 잃지 않았다. 결국 그는 하나님의 뜻 안에서 애굽의 총리가 되었다. 우리도 삶의 어려운 순간마다 절대 긍정의 마음을 품고 하나님을 바라보며 믿음으로 살아야 한다.

NOTE

요셉의 삶에서 배워야 할 절대 긍정의 자세를 적어보세요.

7. 과제

1) 하루에 창세기를 7장씩 읽으며 창세기의 인물들이 보여준 절대 긍정과 절대 감사의 태도를 나의 삶 속에 어떻게 적용할 수 있을지 생각해 보세요.

2) 창세기 강의를 통해 받은 감동과 깨달음을 적어보세요.

8. 장별 핵심 내용

NOTE

1-11장 인류의 원역사

1장 첫 번째 창조(천지 창조)
2장 두 번째 창조(인간 창조)
3장 아담의 범죄
4장 가인과 아벨
5장 족보(아담-노아)
6장 홍수 예고와 방주 제작
7장 홍수 심판
8장 홍수 그침, 노아의 제사
9장 하나님과 노아의 언약
10장 이방 민족의 목록
11장 바벨탑 사건

12-50장 족장 이야기

12장 아브라함의 부르심과 사라의 위기
13장 아브라함과 롯의 분리
14장 롯의 해방과 멜기세덱의 축복
15장 언약 체결과 약속
16장 하갈과 이스마엘
17장 하나님과 아브라함의 언약(할례)
18장 아브라함을 방문한 세 사람
19장 소돔과 고모라의 멸망과 롯의 구원
20장 아비멜렉과 사라의 위기
21장 이삭의 출생과 이스마엘의 추방
22장 이삭의 번제 사건
23장 사라의 죽음과 매장지 구입
24장 이삭과 리브가의 결혼
25장 아브라함의 죽음, 에서와 야곱의 출생
26장 이삭의 삶과 순종
27장 장자 탈취를 위한 야곱의 계략
28장 벧엘에서의 야곱의 꿈
29장 레아와 라헬과의 결혼을 위한 노력
30장 야곱의 자녀들과 재산 증대
31장 라반과의 결별, 귀향
32장 얍복 강에서의 혈투
33장 에서와의 화해
34장 디나의 능욕과 세겜 살육
35장 야곱의 벧엘 제사와 이삭의 죽음
36장 에서 후손의 계보
37장 요셉의 꿈과 노예 전락
38장 유다와 며느리 다말
39장 보디발 아내의 유혹과 누명
40장 요셉의 고위 관리의 꿈 해석
41장 바로의 꿈 해석과 총리 등극
42장 요셉의 형제들의 첫 번째 애굽 여행
43장 요셉의 형제들의 두 번째 애굽 여행
44장 요셉의 형들 은잔 시험
45장 요셉의 정체 고백과 화해
46장 야곱의 애굽 이동과 요셉과의 재회
47장 야곱 가족의 애굽 정착
48장 요셉의 두 아들에 대한 야곱의 축복
49장 다른 아들들 축복과 야곱의 죽음
50장 야곱의 장례, 요셉의 용서와 죽음

출애굽기 *Exodus*

"애굽으로부터 탈출해 하나님의 백성이 된 이스라엘"

NOTE

1. 들어가며

출애굽기는 히브리어로 '베엘렛 쉐모트'이며, '이름들'이라는 의미를 가지고 있다. 영어로는 'Exodus'로 '탈출' 또는 '출발'을 뜻한다. 출애굽기는 이스라엘 백성이 애굽의 압제에서 벗어나 하나님이 약속하신 땅을 향해 가는 여정을 기록한 책이다. 이는 이스라엘 백성이 하나님의 백성으로 새롭게 정체성을 확립하는 과정을 담고 있다.

2. 한눈에 보기

출애굽기는 이스라엘 백성이 하나님의 인도하심으로 애굽의 압제에서 벗어나 하나님이 약속하신 땅을 향하여 나아가는 과정을 기록한다. 시내산에서 하나님은 이스라엘 백성에게 율법을 주시고 언약을 맺으시며, 모세에게 성막을 설계하고 만들 것을 명령하신다. 그러나 이스라엘 백성들이 우상숭배를 하여 하나님과의 언약이 잠시 파기된다. 모세의 중보기도와 하나님의 은혜로 언약은 회복되고 마침내 성막이 완성된다.

3. 중심 메시지

1) 야훼의 구원의 능력: 하나님은 이스라엘 백성을 애굽에서 이끌어 내심으로 하나님의 강력한 구원의 능력을 나타내셨다. 이스라엘 백성은 10가지 재앙, 홍해의 기적, 만나와 메추라기 등 출애굽 여정을 통해 하나님의 능력를 경험한다.

2) 하나님 백성으로서의 거룩함: 시내산에서 이루어진 언약은 이스라엘이 하나님이 택한 백성으로 거룩하게 살아가야 할 사명을 부여받는 중요한 사건이다. 이스라엘은 율법을 통해 하나님의 성민으로서 어떻게 살아가야 할지를 배우게 된다.

3) 교제와 예배로의 초대: 하나님은 성막을 통해 이스라엘과 함께하시는 하나님으로 자신을 나타내셨다. 또한 성막의 제사를 통해 하나님과 교제하고 예배할 방법을 마련해주셨다. 성막은 하나님의 현존과 거룩하심을 상징하며, 이는 결국 예수 그리스도를 통해 완성될 구속사의 의미를 예표한다.

4. 구조

구분	범위	주요 내용
출애굽	1-18장	애굽 탈출, 유월절, 홍해 사건, 만나
율법	19-24장	십계명과 율법 수여
성막	25-40장	성막 건설, 언약 갱신

NOTE

5. 내용 분석

1) 출애굽기 1-18장 | 출애굽

(1) 애굽에서의 압제(1–6장)

이스라엘 백성이 애굽에서 점점 더 번성하자, 바로는 그들의 세력이 커지는 것을 두려워하여 무거운 노역과 가혹한 학대를 통해 이스라엘 백성을 압제했다. 심지어 이스라엘 백성의 남자아이가 태어나면 나일 강에 던져 죽이라는 명령을 내렸다. 하나님은 이러한 상황 속에서 이스라엘 백성을 구원할 계획을 세우시고 모세를 부르셨다.

출애굽기 1장 22절을 적어보세요.

(2) 열 가지 재앙과 유월절(7–13장)

하나님은 이스라엘 백성을 구원하기 위해 애굽에 열 가지 재앙을 내리셨다. 마지막 재앙인 장자의 죽음에서 하나님은 유월절을 제정하시어 이스라엘 백성이 어린 양의 피를 집 문설주와 인방에 바르게 하여 재앙이 그들의 집을 넘어가게 하셨다. 이를 통해 이스라엘 백성이 출애굽 하게 되었으며, 유월절은 하나님의 구원과 보호를 상징하는 중요한 사건으로 기념되었다.

출애굽기 12장 27절을 적어보세요.

NOTE

(3) 홍해의 기적(14:1–15:21)

이스라엘 백성은 홍해 앞에서 자신들을 추격하는 바로의 군대를 보고 극도의 두려움과 절망에 빠졌다. 그러나 하나님은 모세를 통해 홍해를 가르시며 놀라운 구원의 역사를 이루셨다. 이스라엘 백성은 마른 땅을 걸어서 안전하게 홍해를 건넜고, 뒤이어 추격하던 애굽의 군대는 하나님이 다시 물을 합치심으로 모두 전멸했다.

출애굽기 14장 21-22절을 적어보세요.

(4) 광야 생활과 하나님의 공급(15:22–18:27)

이스라엘 백성은 광야에서 배고픔과 목마름으로 인해 하나님을 원망하며 불평했다. 그러나 하나님은 하늘에서 만나와 메추라기를 내려 그들을 먹이시고, 반석에서 물을 내어 목마름을 해결해 주셨다. 또한 아말렉과의 전투에서 모세가 기도하며 손을 들고 있을 때 이스라엘이 승리하도록 역사하셨다. 이러한 사건들을 통해 이스라엘 백성은 하나님이 그들의 삶 가운데 어떻게 역사하는지 배우게 되었다.

출애굽기 17장 6절을 적어보세요.

NOTE

2) 출애굽기 19-24장 | 율법

(1) 십계명(19–20장)

하나님은 시내산에서 이스라엘 백성에게 십계명을 주셨다. 이 계명은 하나님과의 관계(1-4계명)와 사람과의 관계(5-10계명)에서 지켜야 할 근본적인 법이다. 십계명은 하나님의 백성으로서 거룩하고 의롭게 살아가기 위해 반드시 지켜야 할 기본적인 삶의 기준을 제시한다.

출애굽기 20장 3절을 적어보세요.

(2) 판결법(21–23장)

십계명을 바탕으로 이스라엘 백성이 일상에서 실천해야 할 구체적인 사회적 법규가 제정되었다. 이 법은 이웃과의 관계를 어떻게 유지할지, 정의와 공의를 어떻게 실천해야 하는지에 대한 방법 등을 제시한다.

출애굽기 22장 21절을 적어보세요.

(3) 언약 체결(24장)

하나님과 이스라엘 백성은 시내산에서 율법을 토대로 공식적인 언약을 맺었다. 모세는 이스라엘 백성에게 하나님과의 언약을 선포하고, 백성은 언약에 동의하며 하나님 앞에서 거룩한 백성으로 세워졌다.

출애굽기 24장 7절을 적어보세요.

3) 출애굽기 25-40장 | 성막

(1) 성막의 설계와 기능(25–31장)

성막은 하나님이 이스라엘 백성 가운데 거하며 그들과 교제하시기 위해 마련하신 거룩한 장소이다. 제사장은 하나님과 백성 사이를 중재하는 역할을 맡아 성막에서 하나님께 예배와 제사를 드렸다. 성막의 설계와 모든 세부 사항은 하나님이 구체적으로 지시하신 바에 따라 이루어졌다.

출애굽기 25장 8-9절을 적어보세요.

(2) 금송아지 사건과 언약 갱신(32–34장)

모세가 시내산에서 하나님께 율법을 받는 동안 이스라엘 백성이 금송아지를 만들어서 우상을 숭배하는 큰 죄를 범했다. 죄로 인해 그들은 심판을 받아야 했으나, 모세가 하나님께 간절히 기도하여 용서를 구했다. 하나님은 모세의 기도를 들으시고 그들을 용서하시며 이스라엘과의 언약을 갱신하셨다.

NOTE

출애굽기 32장 32절을 적어보세요.

(3) 성막 완성(35-40장)

이스라엘 백성이 하나님의 명령에 따라 성막을 완성하자 하나님이 그 성막에 영광으로 임하셨다. 하나님의 임재로 가득 찬 성막은 이스라엘 백성 가운데 하나님이 함께하심을 나타내는 상징적인 장소가 되었다. 이스라엘 백성은 성막을 통해 하나님과 교제하며, 제사와 예배를 통해 하나님께 나아가 하나님의 거룩하심과 은혜를 경험하게 되었다.

출애굽기 40장 38절을 적어보세요.

6. 절대 긍정, 절대 감사 Point

1) 믿음과 순종의 삶

이스라엘 백성은 출애굽 과정과 광야 생활을 통해 하나님의 놀라운 역사를 경험하며 믿음과 순종의 중요성을 배웠다. 우리도 하나님의 인도하심을 신뢰하며 매일의 삶 속에서 믿음으로 절대 긍정과 절대 감사를 실천해야 한다. 하나님의 뜻에 순종하는 삶을 살아갈 때 우리는 하나님의 축복과 인도하심을 경험할 수 있다.

NOTE

하나님을 절대적으로 신뢰해야 할 이유를 적어보세요.

2) 거룩함과 교제의 중요성

성막은 이스라엘 백성이 하나님과 교제하고 그분의 임재를 경험하는 중요한 장소였다. 오늘날 성령님은 믿는 자들 안에 들어와 거하신다. 그러므로 우리는 예배와 기도를 통해 하나님과 교제하며 그분의 임재를 삶 속에서 경험할 수 있다. 날마다 성령충만한 삶을 살 때 우리는 하나님과의 관계가 깊어지며 거룩한 삶을 살아갈 수 있다.

예배와 기도를 통해 하나님과 교제해야 하는 이유를 적어보세요.

7. 과제

1) 하루에 출애굽기를 6장씩 읽으며 이스라엘 백성이 경험한 하나님의 구원과 인도하심이 오늘날 나의 삶에 어떤 의미가 있는지 생각해보세요.

2) 출애굽기 강의를 통해 받은 감동과 깨달음을 적어보세요.

NOTE

8. 장별 핵심 내용

1-15장 종살이와 출애굽 사건

1장 이스라엘 백성의 억압
2장 모세의 출생, 구출, 성장, 도피
3장 떨기나무 속 하나님의 나타나심
4장 모세의 부르심과 십보라의 조치
5장 바로와의 첫 대면
6장 모세와 아론의 족보
7-10장 모세와 바로의 만남
(아홉 가지 재앙 : 피, 개구리, 이, 파리, 돌림병, 악성 종기, 우박, 메뚜기, 흑암)
11장 열 번째 재앙의 예고
12장 유월절 제정과 장자의 죽음
13장 구름 기둥과 불기둥
14장 홍해 도하
15장 모세와 미리암의 노래

16-18장 홍해에서 시내산으로의 여정

16장 신 광야 : 만나와 메추라기
17장 르비딤 광야 : 아말렉과의 승리
18장 이드로의 방문과 조언

19-40장 시내산에서 거주

19장 시내산에서 하나님의 나타나심
20장 십계명 수여
21장 종을 위한 법, 살인에 관한 법, 상해 복수법
22장 배상법, 우상 숭배 금지, 약자 보호, 종교법
23장 공정한 재판, 안식년과 안식일, 3대 절기, 약속과 경고
24장 언약 체결
25장 예물, 법궤, 속죄소, 진설병 상, 등대
26장 성막
27장 번제단, 뜰, 등불 기름
28장 제사장의 옷
29장 제사장 위임식, 제단 성별, 상번제
30장 분향단, 속전, 물두멍, 관유와 향
31장 회막 기술자 지정, 안식일 규정
32장 금송아지 사건
33장 모세의 중보기도
34장 언약 갱신
35-40장 성막 건축과 완성, 예배 준비

NOTE

레위기 *Leviticus*

"하나님과 동행하기 위해 필요한 규칙들"

NOTE

1. 들어가며

레위기는 히브리어로 '바이크라'이며, '그리고 그가 부르셨다'라는 의미를 가지고 있다. 이 책은 성막이 완성된 시점에서 모세가 하나님이 주신 규례와 지침들을 기록한 것이다. 레위기의 기록 목적은 제사장과 레위인의 역할을 중심으로 이스라엘 백성이 하나님께 예배하며 거룩한 삶을 살게 하도록 가르치는 데 있다.

2. 한눈에 보기

레위기는 제사 규례와 정결법에 대해 다룬다. 특히 하나님께 드리는 5대 제사(번제, 소제, 화목제, 속죄제, 속건제)와 제사장의 역할을 설명한다. 또한 도덕적 규범과 절기를 통해 이스라엘 백성이 어떻게 거룩함을 유지하며 하나님과 동행하는지를 강조한다.

3. 중심 메시지

1) 5대 제사의 의미와 예수 그리스도의 예표: 5대 제사(번제, 소제, 화목제, 속죄제, 속건제)가 소개된다. 이 제사들은 그리스도의 성품과 대속적 사역을

상징한다.

NOTE

2) 거룩함의 추구: 하나님은 이스라엘 백성에게 거룩함을 요구하신다. 이는 하나님이 거룩하시기에 그의 백성 역시 거룩하게 살아야 함을 의미한다. 이러한 요구는 규정을 넘어서 하나님의 백성으로서의 정체성과 하나님과의 언약 관계를 반영한다.

3) 하나님과의 동행과 교제: 레위기는 단순히 율법의 준수뿐만 아니라, 하나님과의 관계 속에서 동행하며 살아가는 삶의 방식을 가르친다. 예배와 제사를 통해 하나님께 나아가고, 절기를 통해 하나님과의 교제를 어떻게 유지할 수 있는지를 구체적으로 제시한다.

4. 구조

구분	범위	주요 내용
하나님께 나아가는 길	1-17장	제사 제도, 정결법
하나님과 동행하는 길	18-27장	거룩한 삶, 절기와 축제

5. 내용 분석

1) 레위기 1-17장 | 하나님께 나아가는 길

(1) 5대 제사(1–7장)

① 번제

번제는 제물을 하나도 남기지 않고 불태워 하나님께 드리는 제사이다. 제물을 드리는 사람이 짐승에게 안수하는 행위는 자신과 제물이 하나가 됨을 나타내며, 이는 제물이 자신을 대신해 하나님 앞에서 죄로 인해 죽어야 함을 상징한다.

NOTE

레위기 1장 9절을 적어보세요.

② 소제

소제는 곡식으로 드리는 제사로서, 주로 가난한 자들이 드렸다. 이 제사는 곡식을 곱게 빻아 기름과 유향을 섞어 드리며, 누룩이나 꿀을 사용하지 않고 소금을 첨가하는 것이 특징이다. 소제는 하나님과의 영원한 언약을 보증하며, 헌신과 감사를 표현하는 제사이다.

레위기 2장 13절을 적어보세요.

③ 화목제

화목제는 하나님과의 관계가 회복된 것을 기념하며, 제물을 사람들과 나누어 기쁨과 감사를 나누는 제사이다. 구체적으로는 위험한 상황에서 구원을 받은 후에 드리는 감사제, 서원에 따라 드리는 서원제, 하나님의 사랑에 감격하여 자발적으로 드리는 자원제(낙헌제)로 나뉜다.

레위기 3장 1절을 적어보세요.

NOTE

④ 속죄제

속죄제는 죄로 인해 깨어진 하나님과의 관계를 회복하기 위해 드려지는 제사로, 죄의 용서를 구하는 데 중점을 두고 있다. 이는 성도가 죄를 범했을 때 회개함으로써 다시 깨끗함을 얻을 수 있음을 상징한다.

레위기 4장 20절을 적어보세요.

⑤ 속건제

속건제는 하나님의 성물과 계명을 범한 경우와 이웃에게 상해나 손해를 입혔을 때 드려지는 제사이다. 특히 다른 제사와 달리 오직 숫양이 제물로 드려지며, 손해에 대한 배상이 따른다.

레위기 5장 16절을 적어보세요.

(2) 제사장(8–10장)

① 제사장의 성결 의식

제사장은 하나님과 백성 사이의 중재자로서, 공식적인 성결 의식을 통해 그 직분을 인정받는다. 이 성결 의식은 제사장의 순결과 헌신을 상징한다. 제사장의 성결 의식은 하나님이 명하신 절차대로 준행되어야 한다.

NOTE

레위기 8장 33절을 적어보세요.

② 제사장의 직무

제사장은 먼저 자신을 위한 속죄제와 번제를 드려 죄를 씻은 후, 이스라엘 백성을 위해 속죄제, 번제, 소제, 화목제 등을 드리며 하나님께 나아간다. 제사장은 백성을 대신하여 하나님께 예물을 드리는 중요한 역할을 맡고 있다.

레위기 9장 7절을 적어보세요.

③ 불성실한 제사장의 최후

나답과 아비후가 하나님의 명령에 불순종하여 성막에서 죽임을 당한 사건은 제사장으로서의 경외심 부족과 신성 모독의 위험을 단적으로 보여준다.

레위기 10장 2절을 적어보세요.

NOTE

(3) 각종 정결법(11-15장)

이스라엘 백성은 정결한 생활을 통해 하나님 앞에 나아갈 수 있다. 정결법은 음식, 출산, 피부병, 생식적 유출, 성소 및 백성의 정결 문제를 다루며, 부정한 것을 피하고 정한 것을 지키는 규범을 제시한다. 정결법은 이스라엘 백성이 일상 속에서도 거룩한 삶을 살아가도록 돕기 위한 제도이다.

레위기 11장 45절을 적어보세요.

(4) 대속죄일과 피에 관한 법(16-17장)

① 대속죄일

대속죄일은 이스라엘 백성의 모든 죄를 속하기 위해 정해진 날이다. 대제사장은 먼저 자신과 가족을 위해 속죄제를 드린 후, 백성을 위해 속죄제를 드린다. 이때 두 염소를 취하여 하나는 희생 제물로 바치고, 다른 하나는 광야로 보내어 백성의 죄를 제거하는 의식을 행한다(아사셀 염소).

레위기 16장 34절을 적어보세요.

② 피에 관한 법

피는 생명을 상징하며 속죄의 수단으로 쓰인다. 하나님은 이스라엘

NOTE

백성에게 피를 먹지 말 것을 명령하시며, 모든 희생 제사는 하나님이 정하신 성소에서만 드리도록 하셨다. 이는 생명의 주권이 오직 하나님께 있음을 기억하도록 하기 위함이다.

레위기 17장 11절을 적어보세요.

2) 레위기 18-27장 | 하나님과 동행하는 길

(1) 거룩한 백성(18-20장)

이스라엘 백성은 하나님이 제시한 도덕적 규범을 따르며 거룩한 삶을 살아야 한다. 성적인 죄를 경계하고, 이웃과의 관계에서 정의와 사랑을 실천해야 하며, 피와 관련된 모든 규례를 준수함으로써 거룩함을 유지해야 한다.

레위기 19장 2절을 적어보세요.

(2) 거룩한 제사장(21-22장)

제사장은 백성보다 더욱 엄격한 기준을 따라 거룩하게 살아야 하며, 부정한 것과의 접촉을 피해야 한다. 제사장이 부정한 것에 접촉했을 경우, 정결 의식을 통해 몸을 씻은 후에야 성물을 먹을 수 있다.

NOTE

레위기 21장 6절을 적어보세요.

(3) 거룩한 절기(23장)

① 유월절: 유월절은 이스라엘 백성이 애굽에서 구원받은 사건을 기념하는 절기로, 예수 그리스도의 피로 말미암아 이루어진 구원의 은혜를 예표한다.

② 무교절: 유월절과 연관된 무교절은 이스라엘 백성의 급박한 출애굽을 기념하며, 예수 그리스도의 무덤에 장사되심을 예표한다.

③ 초실절: 초실절은 첫 수확한 보리를 하나님께 봉헌하는 절기로, 예수 그리스도의 부활을 예표한다. 이는 부활의 첫 열매가 되는 사건으로 연결된다.

④ 오순절(칠칠절): 오순절(칠칠절)은 초실절 후 일곱 번째 안식일 다음 날에 시작하는 절기로, 수확한 밀의 첫 열매를 하나님께 드리는 절기이다. 이는 예수님의 승천과 성령 강림을 상징한다.

⑤ 나팔절: 나팔절은 7월 1일(유대력)에 나팔을 불며 시작되는 절기로, 대속죄일을 앞두고 하나님 앞에서의 새로운 시작을 기념한다. 이 절기는 예수 그리스도의 재림을 예표한다.

⑥ 대속죄일: 대속죄일은 유대력 7월 10일에 금식하며 제사장들이 백성을 대신하여 특별한 속죄의식을 행하는 날이다. 이는 예수 그리스도의 십자가 대속을 상징하며, 죄를 덮어씌워 하나님과 화해를 이루는 대속의 의미를 담고 있다.

⑦ 초막절: 유대력 7월 15일부터 시작하여 8일 동안 지키는 초막절은 출애굽을 회상하며 하나님의 보호와 인도를 기념하는 절기이다. 이는 천국에서의 평화와 안식을 예시한다.

NOTE

레위기 23장 4절을 적어보세요.

(4) 복과 저주(26장)

하나님의 규례를 지켜 행하면 풍성한 수확과 평화로운 삶이 주어지지만, 지켜 행하지 않으면 기근과 전쟁, 멸망의 저주가 임한다. 이러한 복과 저주의 목적은 하나님을 기억하고 하나님과의 관계를 회복하게 하기 위함이다.

레위기 26장 9절을 적어보세요.

6. 절대 긍정, 절대 감사 Point

1) 믿음과 순종의 삶

레위기는 성도에게 거룩한 삶을 요구하며, 하나님의 율법에 순종할 때 복을 받는다고 가르친다. 믿음과 순종은 하나님을 신뢰하는 데서 시작되며, 이로 인해 삶 속에 긍정적인 변화가 일어난다. 절대 긍정의 태도로 하나님의 말씀을 받아들이고, 절대 감사로 날마다 하나님께 순종하며 그분의 뜻을 따를 때 거룩한 삶을 살아갈 수 있다.

NOTE

하나님의 선하심을 믿으며 매일 순종할 수 있는 구체적인 방법을 적어보세요.

2) 거룩함과 교제의 중요성

레위기는 거룩한 삶과 하나님과의 교제를 통해 진정한 복을 누릴 수 있음을 가르친다. 거룩함은 하나님과의 관계에서 비롯되며 이는 예배와 말씀을 통해 유지된다. 절대 긍정의 마음으로 하나님의 거룩함을 사모하고, 절대 감사의 태도로 매일 기도와 예배를 드릴 때 하나님과의 교제가 깊어지고 삶 속에서 참된 평안과 기쁨을 누릴 수 있다.

거룩함을 유지하며 하나님께 감사하는 삶을 위한 실천 방안을 적어보세요.

7. 과제

1) 하루에 레위기를 4장씩 읽으며 이스라엘 백성에게 주어진 하나님의 율법이 오늘날 우리의 삶에 어떤 의미가 있는지 생각해 보세요.

2) 레위기 강의를 통해 받은 감동과 깨달음을 적어보세요.

NOTE

8. 장별 핵심 내용

1-7장 5대 제사에 대한 규정

1장 번제
2장 소제
3장 화목제
4-5장 속죄제와 속건제
6-7장 5대 제사의 추가 규정

8-10장 제사장의 위임과 제사의 시작

8장 아론과 아들들의 위임식
9장 이스라엘 제사의 시작
10장 나답과 아비후의 심판

11-15장 정결과 부정함에 대한 규정

11장 정결한 음식과 부정한 음식
12장 출산 후 부정함
13장 나병 진단 규정
14장 나병 환자의 정결 규정
15장 유출병으로 인한 부정

16장 대속죄일

17-26장 성결 법전

17장 도살과 피에 대한 규정
18장 근친상간 금지
19장 거룩한 생활 규범
20장 중죄 처벌 규정 (몰렉 종교의식, 성범죄)
21장 제사장의 행동 기준
22장 제물에 대한 규정
23장 7대 절기(유월절, 무교절, 초실절, 오순절, 나팔절, 대속죄일, 초막절)
24장 등잔불과 진설병 규정, 하나님 모독과 살인, 폭력에 관한 규정
25장 희년
26장 축복과 저주

27장 헌물에 대한 추가 규정

NOTE

민수기 *Numbers*

"가나안 땅으로 가는 여정에서 순종과 불순종의 기록들"

NOTE

1. 들어가며

민수기는 히브리어로 '베미드바르'이며, '광야에서'를 의미한다. 한글 성경의 '민수기'와 영어 성경의 'Numbers'는 두 차례의 인구 조사에서 유래했다. 이 책은 이스라엘 백성이 광야에서 40년간 있었던 신앙의 여정을 담고 있으며, 가나안 땅에 들어가기 위한 이스라엘의 준비 과정과 하나님께 대한 믿음과 순종이 강조된다.

2. 한눈에 보기

이스라엘 백성은 광야에서 2년간 머무르며 첫 번째 인구 조사를 실시하고, 진영 배치와 성결 규례를 정비하면서 가나안 정복을 준비한다. 그러나 가데스 바네아에서의 불순종으로 인해 38년 동안 광야에서 방황하게 되며 그 과정에서 새로운 세대가 등장한다. 이후 두 번째 인구 조사를 통해 새로운 세대는 가나안 땅 분배를 준비하고 순종의 삶을 결단한다.

NOTE

3. 중심 메시지

1) 하나님의 은혜와 사랑: 이스라엘 백성은 끊임없이 불평하고 불순종했지만, 하나님은 그들을 포기하지 않으시고 새로운 세대를 약속의 땅으로 인도하신다. 이는 하나님의 크신 은혜와 사랑을 나타낸다.

2) 순종의 중요성: 이스라엘 백성이 하나님의 명령을 따르지 않을 때 하나님의 심판을 받았다. 그러나 하나님의 명령에 순종하는 자들에게는 약속의 땅에 들어가는 축복을 주셨다.

3) 광야 생활의 교훈: 이스라엘 백성의 광야 생활은 신앙의 여정을 상징한다. 이는 우리에게도 광야와 같은 인생을 살아가면서 하나님만을 의지하고 하나님의 인도하심을 받아야 한다는 교훈을 준다.

4. 구조

구분	범위	주요 내용
가나안으로 출발 준비	1-9장	인구 조사, 성결 규례, 유월절
광야에서의 방황	10-25장	가나안 정탐, 반역 사건, 메추라기
가나안 입성 준비	26-36장	제2차 인구 조사, 요단 동쪽 정복

5. 내용 분석

1) 민수기 1-9장 | 가나안으로 출발 준비

(1) 제1차 인구 조사(1-4장)

① 인구 조사

출애굽 한 지 2년째 되는 해, 하나님은 모세에게 가나안 정복을 준비하기 위해 인구 조사를 명령하신다. 이때 레위 지파를 제외한 20세 이

NOTE

상 남자의 수는 총 603,550명으로 기록된다.

민수기 1장 46절을 적어보세요.

② 진 배치

이스라엘 백성은 성막을 중심으로 하여 지파별로 진을 배치한다. 유다 지파가 선봉에 서고, 다른 지파들은 그 뒤를 따른다. 이러한 배치는 하나님이 그들 가운데 거하신다는 상징적인 의미를 지니고 있다.

민수기 2장 9절을 적어보세요.

③ 제사장과 레위인의 직무

레위 지파는 성소와 성막을 관리하는 특별한 역할을 맡는다. 아론의 아들들은 제사장직을 맡고, 나머지 레위인은 성막을 운반하고 제사장을 돕는 역할을 담당한다. 레위인의 인구는 다른 지파와 달리 1개월 이상의 남자를 기준으로 조사되는데 이는 그들이 이스라엘의 모든 장자를 대신하여 구별된 지파임을 의미한다.

민수기 3장 15절을 적어보세요.

(2) 성결 규례와 제의 규례(5-9장)

NOTE

① 성결 규례

이스라엘 백성이 하나님 앞에서 거룩하게 살도록 다양한 성결 규례가 제정된다. 이는 정결하지 못한 자들이 약속의 땅에 들어갈 수 없음을 상기시켜 준다.

민수기 5장 2절을 적어보세요.

② 제의 규례

성막이 완성된 후, 각 지파의 지휘관들이 하나님께 번제, 소제, 속죄제 등을 드린다. 이 규례는 이스라엘 백성이 하나님 앞에 정결하게 서야 함을 상징한다.

민수기 7장 1절을 적어보세요.

2) 민수기 10-25장 | 광야에서의 방황

(1) 시내산에서 출발(10-12장)

이스라엘 백성은 출애굽 한 지 2년 2개월 20일에 시내산을 떠나 여정을 시작한다. 그들은 하나님이 주신 만나와 메추라기를 먹으면서도 끊임없이 불평과 원망을 하여 큰 재앙을 겪는다.

NOTE

민수기 11장 33절을 적어보세요.

(2) 가나안 정탐과 심판(13–14장)

모세는 각 지파에서 한 사람씩 12명의 정탐꾼을 뽑아 가나안 땅을 정탐하도록 보낸다. 여호수아와 갈렙을 제외한 나머지 10명의 정탐꾼은 부정적인 보고를 하고, 그로 인해 이스라엘 백성은 하나님께 불순종하여 광야에서 40년간 방황하게 된다.

민수기 14장 28절을 적어보세요.

(3) 고라의 반역(16장)

레위 지파의 고라, 르우벤 지파의 다단과 아비람, 벨렛의 아들 온이 모세와 아론을 대적하며 반역을 일으킨다. 이에 하나님은 그들을 심판하시고, 고라와 그를 따르는 자들은 땅에 삼켜져 죽음을 맞이한다.

민수기 16장 31-32절을 적어보세요.

(4) 요단 동쪽 정복(20-21장)

이스라엘 백성은 요단 동편에서 아모리 왕 시혼과 바산 왕 옥을 물리치고 그 땅을 차지한다. 이것은 가나안 땅 정복의 첫 번째 승리로, 하나님의 도우심이 있기에 가능한 일이다.

민수기 21장 24절을 적어보세요.

(5) 바알브올 사건(22-25장)

이스라엘 백성은 모압 여인들과 음행하며 우상 숭배에 빠진다. 그 결과 하나님은 염병을 보내셔서 24,000명을 죽게 하신다. 이는 하나님 앞에서 거룩하지 않으면 심판을 받는다는 것을 경고로 보여준다.

민수기 25장 9절을 적어보세요.

3) 민수기 26-36장 | 가나안 입성 준비

(1) 제2차 인구 조사(26장)

두 번째 인구 조사는 새로운 세대를 위해 가나안 땅 분배를 준비하는 과정이다. 이 조사는 불순종으로 인해 1세대가 사라지고, 새로운 세대가 준비되었음을 보여준다. 모세는 여호수아를 후계자로 세워 이스라엘 백성을 이끌도록 했다.

NOTE

NOTE

민수기 26장 53절을 적어보세요.

(2) 정착을 위한 준비(28-36장)

이스라엘 백성은 미디안과의 전쟁에서 승리한 후 요단 동편의 땅을 차지한다. 이 지역은 갓, 르우벤, 므낫세 반 지파가 기업으로 받아 정착한다. 또한 성읍 배치와 도피성 설정 등을 통해 가나안 땅에서의 본격적인 정착을 준비한다.

민수기 32장 33절을 적어보세요.

6. 절대 긍정, 절대 감사 Point

1) 믿음과 순종의 삶

이스라엘 백성은 광야 생활을 통해 순종의 중요성을 배웠다. 하나님은 우리가 하나님의 뜻에 순종할 때 모든 상황 속에서 선한 결과를 이루신다. 절대 긍정의 마음으로 하나님의 계획을 신뢰하고, 절대 감사의 태도로 모든 상황에 순종할 때, 하나님의 놀라운 은혜를 경험할 수 있다.

NOTE

하나님을 향한 믿음을 지키기 위해 우리가 해야 할 일은 무엇인지 적어보세요.

2) 거룩함과 회개의 중요성

이스라엘 백성은 하나님 앞에서 거룩한 삶을 살아야 했다. 우리도 절대 긍정의 대도로 세상과 구별되어 거룩함을 지키고, 절대 감사의 마음으로 회개의 자리에서 하나님의 은혜를 구해야 한다. 철저히 하나님의 인도하심을 따를 때, 삶 속에서 하나님과 더욱 깊은 교제를 누릴 수 있다.

매일 회개의 삶을 살아야 하는 이유와 이를 통해 얻을 수 있는 영적 유익을 적어보세요.

7. 과제

1) 하루에 민수기를 5장씩 읽으며 이스라엘 백성이 경험한 하나님의 구원과 심판이 오늘날 우리에게 어떤 의미가 있는지 생각해 보세요.

2) 민수기 강의를 통해 받은 감동과 깨달음을 적어보세요.

NOTE

8. 장별 핵심 내용

1-10장 시내 광야에서

1장 첫 번째 인구 조사
2장 지파별 진 배치
3장 아론과 레위인의 직무
4장 레위인의 회막 직무 분담
5장 부정함과 죄사함 규정
6장 나실인 규정 및 제사장의 축복
7장 지파별 헌물 봉헌 예물 목록
8장 레위인의 위임 규정
9장 유월절 규정
10장 나팔 소리와 출발

11-20장 시내산에서 가나안 땅 경계까지

11장 백성의 불평과 장로들 임명
12장 미리암과 아론의 모세 비방과 결과
13-14장 가나안 정탐
15장 여러 가지 율법 규정
16장 고라의 반역
17장 아론의 싹 난 지팡이
18장 제사장과 레위인의 의무와 소득
19장 정결하게 하는 물 규정
20장 미리암과 아론의 죽음, 므리바 사건

21-32장 요단 동쪽 땅 정복과 모압 땅 체류

21장 아모리 왕 시혼과 바산 왕 옥을 정복
22-24장 발락과 발람의 만남, 이스라엘 축복
25장 바알브올 우상숭배 사건
26장 두 번째 인구 조사
27장 슬로브핫 딸들의 상속권 문제, 여호수아 후계자 임명
28-30장 절기와 서원 규정
31장 미디안과의 전쟁 승리
32장 요단 동쪽 땅 분배

33-36장 가나안 정착을 위한 마지막 준비

33장 출애굽 노정 목록
34장 가나안 땅 경계 설정
35장 레위인 성읍과 도피성
36장 슬로브핫 딸들의 상속권 보완 규정

NOTE

신명기 *Deuteronomy*

"하나님의 말씀을 귀담아듣고 지켜 행하라"

NOTE

1. 들어가며

히브리어 '데바림'에서 유래된 '신명기'는 '말씀들'이라는 의미이다. 한글 제목인 '신명기(申命記)'는 '되풀이한(申) 명령(命)'이라는 뜻으로 원제목의 의미를 잘 반영한다. 모세는 이스라엘 백성이 가나안 땅에 들어가기 전에 모압 평지에서 이스라엘 백성들에게 율법을 재조명하며 하나님과 맺은 언약을 새롭게 상기시킨다.

2. 한눈에 보기

신명기는 모세가 이스라엘 백성에게 전한 세 편의 고별 설교이다. 첫 번째 설교는 광야에서 40년 동안의 역사를 회고하고, 두 번째 설교는 율법을 재해석하며, 세 번째 설교는 새로운 언약을 맺는 내용이다. 전체적으로 하나님과 이스라엘의 관계를 재확립하고 순종을 강조하는 내용이 기록되어 있다.

3. 중심 메시지

1) 순종과 불순종의 결과: 하나님은 이스라엘 백성이 순종하면 축복

을, 불순종하면 저주를 받을 것이라고 말씀하신다. 이는 모든 상황에서 하나님의 명령을 철저히 지켜야 한다는 중요한 교훈을 전해준다.

2) 언약과 율법: 하나님과 언약을 맺은 이스라엘 백성은 하나님의 뜻이 담긴 율법을 준수해야 한다. 이 율법은 단순히 이스라엘 백성을 억압하는 규칙이 아니라, 하나님과의 관계를 유지하고 거룩함을 지키기 위한 근본적인 토대이다.

3) 공동체와 정의: 신명기는 사회적 약자를 보호하고 공정한 재판과 정의를 실천할 것을 요구하는 법규들이 제시된다. 이는 이스라엘이 거룩한 공동체로서 정의롭고 공정한 사회를 이루어야 함을 가르친다.

4) 하나님의 주권과 사랑: 하나님은 많은 민족 중에 이스라엘을 선택하시고 언약을 맺으신다. 그들이 불순종할 때조차도 인내하시며 끝까지 사랑과 은혜로 그들을 인도하신다.

4. 구조

구분	범위	주요 내용
모세의 첫 번째 설교	1:1-4:43	40년 광야 생활의 회고
모세의 두 번째 설교	4:44-28:68	율법의 재해석과 세겜 언약
모세의 세 번째 설교	29-34장	새로운 언약

5. 내용 분석

1) 신명기 1:1-4:43 | 모세의 첫 번째 설교

(1) 40년 광야 생활 회고(1:1–3:29)

모세는 이스라엘 백성이 시내산에서 출발하여 가나안 땅에 들어가기 전까지의 여정을 회고한다. 순종과 불순종의 결과와 함께 특히 가데스

NOTE

바네아에서 불순종으로 인해 40년간 광야에서 방황한 사건을 강조한다. 또한 시혼 왕과 바산 왕 옥의 땅을 차지한 르우벤, 갓, 므낫세 반 지파에게 요단 서편 정복을 위해 요단강을 앞장서서 건너갈 것을 요청한다.

신명기 1장 21절을 적어보세요.

(2) 모세의 첫 번째 권면(4:1–43)

모세는 이스라엘 백성에게 하나님이 주신 말씀을 빼거나 더하지 말고 기록된 대로 지키며, 우상 숭배를 금지하고 하나님의 명령을 자녀들에게도 가르칠 것을 당부한다. 또한 하나님과의 언약을 기억하고 순종하는 것이 축복의 열쇠임을 강조한다.

신명기 4장 9절을 적어보세요.

2) 신명기 4:44-28:68 | 모세의 두 번째 설교

(1) 십계명과 쉐마(4:44–6:9)

모세는 시내산에서 받은 십계명을 다시 강조하며, 이스라엘 백성이 하나님을 사랑하고 이웃을 사랑하는 삶을 살아야 한다고 역설한다. 신명기 6장 4–9절에 기록된 '쉐마'는 이스라엘 백성의 신앙 고백으로써 하나님에 대한 절대적인 사랑과 순종을 요구하는 율법의 핵심 구절 중 하나이다.

NOTE

신명기 6장 4-5절을 적어보세요.

(2) 모세의 두 번째 권면(6:10–11:32)

모세는 하나님이 이스라엘을 애굽에서 구원하신 일을 기억나도록 하며, 그 구원의 은혜를 자녀들에게 가르칠 것을 명령한다. 또한 광야에서 하나님이 그들에게 베푸신 기적과 죄로 인한 징계 등을 생각나게 하며 그들이 가나안 땅에 들어가서도 하나님의 말씀을 지킬 것을 당부한다.

신명기 8장 3절을 적어보세요.

(3) 신명기 법전(12–26장)

신명기 법전은 예배 규정, 십일조, 사회적 정의, 3대 절기, 재판 및 다양한 사회법 등 이스라엘 백성이 일상에서 지켜야 할 규례를 상세히 제시한다. 이를 통해 이스라엘 백성은 우상 숭배를 철저히 배격하고, 하나님의 뜻에 따라 공의와 정의를 실천해야 한다는 점을 배울 수 있다.

신명기 15장 7-8절을 적어보세요.

NOTE

(4) 축복과 저주(27–28장)

모세는 이스라엘 백성이 율법에 순종하면 성읍, 자손, 토지 등 모든 면에서 복을 받아 모든 민족보다 뛰어나게 될 것이라고 약속한다. 반면, 불순종할 경우 전쟁, 기근, 질병 등의 저주가 임할 것이라고 경고한다. 이러한 축복과 저주는 이스라엘 백성의 미래를 결정짓는 중요한 기준이다.

신명기 28장 1-2절을 적어보세요.

3) 신명기 29-34장 | 모세의 세 번째 설교

(1) 새로운 언약(29–30장)

모세는 이스라엘 백성에게 하나님과의 언약을 확립하며, 그들이 가나안 땅에 들어간 후에도 하나님의 율법을 철저히 지킬 것을 당부한다. 이 언약은 훗날 그들이 포로로 끌려가더라도 하나님께 회개하고 돌아오면 회복될 수 있음을 약속하는 희망의 메시지를 담고 있다.

신명기 30장 19-20절을 적어보세요.

(2) 모세의 고별사와 죽음(31–34장)

모세는 여호수아를 후계자로 세우고, 이스라엘 백성에게 하나님의 말씀대로 가나안 땅을 차지하라고 당부한다. 그 후 각 지파를 축복한 후 하나님의 부르심을 받아 생을 마감하며 지도자로서의 사명을 완수한다.

NOTE

신명기 34장 5절을 적어보세요.

6. 절대 긍정, 절대 감사 Point

1) 순종과 축복의 삶

신명기는 하나님의 말씀에 순종하는 것이 이스라엘의 축복과 저주를 결정하는 핵심적인 요소임을 강조한다. 주어진 상황에서 절대 긍정의 태도로 하나님의 말씀에 순종할 때, 우리는 하나님의 은혜와 축복이 넘치는 삶을 경험할 수 있다.

하나님의 말씀에 순종하기 위해 우리가 실천해야 할 구체적인 행동은 무엇인지 적어보세요.

2) 정의와 공의를 실천하는 삶

신명기는 사회적 약자를 돌보고 공의로운 재판을 통해 정의를 실현해야 한다고 가르친다. 우리는 하나님이 주신 은혜를 기억하며 감사하는 마음으로 이웃을 사랑하고 공의를 실천할 때 하나님께 영광을 돌릴 수 있다.

NOTE

나의 삶에서 소외된 이웃을 돌보고 정의를 실천하기 위해 어떤 노력이 필요한지를 적어보세요.

7. 과제

1) 하루에 신명기를 5장씩 읽으며 하나님의 말씀에 순종하기를 다짐해 보세요.

2) 신명기 강의를 통해 받은 감동과 깨달음을 적어보세요.

8. 장별 핵심 내용

NOTE

1-4장 첫 번째 설교(역사회고)

1장 역사회고(1): 호렙에서 가데스까지

2장 역사회고(2): 가데스에서 아르논까지

3장 역사 회고(3): 아르논에서 벳브올까지

4:1-4:43 약속의 땅에서 계명 준수를 권고

4:44-11:32 두 번째 설교 (언약 준수에 대한 권고)

4:44-49 모세가 선포한 율법

5장 십계명

6장 쉐마 이스라엘(유일신 신앙 고백)

7장 이방 민족과의 교류를 금하는 경고

8장 약속의 땅에서 하나님의 공급하심을 기억하라는 권고

9장 이스라엘의 불순종에 대한 회상

10장 새롭게 주어진 계명과 의무

11장 역사의 회고와 함께 언약 준수를 권고

12-26장 신명기법 (하나님의 백성을 위한 율법)

12장 중앙 성소에 대한 규정

13장 거짓 예언과 우상숭배 경계

14장 음식 규정과 십일조 지침

15장 면제년 제도

16:1-17 세 가지 절기 (유월절, 칠칠절, 초막절)

16:18-18:22 다양한 직분 (재판장, 왕, 제사장, 예언자)

19장 도피성

20장 전쟁법

21장 죽인 자를 알지 못할 때 행동 지침, 포로와의 결혼, 장자상속, 반항적인 자식 처벌, 사형 집행에 관한 규정

22장 다양한 사회생활 규범과 윤리 규정

23장 총회에 제외될 사람, 전쟁 진영의 청결 규정, 기타 규정

24장 이혼과 재혼, 약자 보호 및 권리에 관한 법률

25장 추가 보호 조항(태형과 가족에 대한 의무 등) 및 아말렉의 멸절

26장 첫 열매 봉헌, 십일조, 언약 체결 의식

27-30장 세 번째 설교

27장 저주 12계명

28장 축복과 저주

29장 모압 언약

30장 생사 결단의 마지막 권고

31-34장 모세오경의 종결

31장 여호수아를 후계자로 지명

32장 모세의 노래

33장 모세의 축복

34장 모세의 죽음

II. 역사서

12권

여호수아 | 사사기 | 룻기
사무엘상 | 사무엘하 | 열왕기상
열왕기하 | 역대상 | 역대하
에스라 | 느헤미야 | 에스더

여호수아 *Joshua*

"새로운 지도자 여호수아의 지휘 아래 가나안 땅을 정복하라"

NOTE

1. 들어가며

여호수아서는 모세의 뒤를 이은 새로운 지도자 여호수아의 이름을 따서 지어진 책이다. 이 책은 하나님이 이스라엘 백성들을 가나안 땅으로 인도하시고, 그 땅에서 이루어진 일들을 기록한다. 모세오경이 '야훼와의 약속'의 책이라면, 여호수아서는 '그 약속의 성취'의 책이다.

2. 한눈에 보기

여호수아서는 하나님이 이스라엘 백성을 광야로부터 약속의 땅 가나안으로 인도하신 과정을 보여준다. 또한 이스라엘 백성이 가나안 땅을 정복하고, 그 땅이 각 지파에게 분배되는 과정을 상세히 기록한다. 특히 하나님이 도우시며 전쟁에서 승리하게 하심으로 약속을 이루어 가시는 하나님의 신실하심이 드러난다.

3. 중심 메시지

1) 하나님의 언약과 성취: 하나님은 아브라함에게 가나안 땅을 그와 그의 자손에게 기업으로 주겠다고 약속하셨다. 이스라엘 백성들은 하

나님의 약속대로 가나안 땅을 정복했고, 그 땅을 분배하여 자신들의 기업으로 삼았다.

NOTE

2) 하나님의 공의: 가나안 정복은 이스라엘 백성이 거룩함을 유지하고 하나님의 공의를 온 세상에 선포하기 위한 목적을 가지고 있었다. 하나님은 죄로 인해 타락한 가나안 민족을 심판하시며 정복 전쟁을 통해 하나님의 공의와 거룩함을 드러내셨다.

3) 신앙의 승리: 이스라엘은 많은 전쟁을 치르고 승리한다. 승리의 비결은 군사력이나 무기에 있지 않고, 하나님의 말씀에 대한 순종 여부에 달려 있었다. 이는 오늘날 신앙의 승리가 하나님의 말씀에 순종하고 지키는 것에 있음을 깨닫게 한다.

4. 구조

구분	범위	주요 내용
가나안 정복	1-12장	요단강 도하, 여리고 성 정복, 아간의 범죄와 아이 성 정복
땅의 분배	13-22장	요단 지역 정착, 도피성
여호수아의 마지막 활동	23-24장	여호수아의 고별 연설, 언약 체결

5. 내용 분석

1) 여호수아 1-12장 | 가나안 정복

(1) 가나안 정복 준비(1–5장)

모세가 죽은 후에 여호수아가 이스라엘의 새로운 지도자로 선택되어 가나안 땅을 정복하라는 하나님의 명령을 받는다. 여호수아는 여리고를 점령하기 위해 싯딤에서 두 명의 정탐꾼을 보낸다. 이스라엘 백성들은 언약궤를 앞세워 요단강을 건넌 후 요단강에서 취한 열두 개의 돌로

NOTE

기념비를 만든다.

여호수아 1장 9절을 적어보세요.

(2) 가나안 정복(6–12장)

이스라엘 백성은 하나님의 명령에 순종함으로 여리고 성을 정복한다. 그러나 아이 성 전투에서는 아간의 죄로 인해 패배를 경험한다. 그들은 아간의 죄를 철저히 회개한 후에야 아이 성을 정복할 수 있었다. 이후 하나님의 도우심으로 가나안 남부 동맹군과 북부 왕들과의 전투에서 승리하여 하나님의 약속대로 가나안 땅을 차지한다.

여호수아 6장 20절을 적어보세요.

2) 여호수아 13-22장 | 땅의 분배

(1) 요단 동편과 서편 지역 정착(13–19장)

이스라엘 각 지파는 가나안 땅에서 기업을 분배받아 약속의 땅에 정착한다. 요단 동편 땅은 르우벤, 갓, 므낫세 반 지파에게 분배된다. 요단 서편 땅은 제비뽑기를 통해 유다 지파가 첫 번째로 기업을 분배받고, 이어 에브라임 지파와 므낫세 지파가 기업을 받는다. 이후 실로에서 남은 일곱 지파에게 기업이 분배되면서 모든 지파가 가나안 땅에서 정착하게 된다.

NOTE

여호수아 14장 12절을 적어보세요.

(2) 도피성(20장)

부지중에 살인한 자가 피의 복수를 면하고 충분한 변호의 기회를 주기 위해 6개의 도피성이 지정되었다. 지정된 도피성의 위치는 게데스, 세겜, 헤브론, 바산의 골란, 길르앗 라못, 베셀이다.

여호수아 20장 3절을 적어보세요.

(3) 레위 지파 성읍들과 요단 동편 지파들의 귀환(21-22장)

레위 지파는 땅 분배를 받지 못하고 그들이 거주할 수 있는 성읍을 분배받는다. 여호수아는 르우벤과 갓, 므낫세 반 지파가 야훼께 충성할 것을 명령하고 그들을 돌려보낸다. 돌아가던 요단 동편 지파들은 자신들이 야훼께 예배할 자격이 있는 이스라엘의 일부임을 증거하는 단을 요단 언덕에 쌓는다.

여호수아 21장 45절을 적어보세요.

NOTE

3) 여호수아 23-24장 | 여호수아의 마지막 활동

(1) 여호수아의 고별 연설(23장)

자신의 죽음이 임박했음을 안 여호수아는 이스라엘 지도자들을 소집하여 야훼께 충성할 것을 권면한다. 이스라엘이 야훼께 충성할 때 하나님은 이스라엘을 위해 싸우시고 이스라엘의 적들을 쫓아내시지만, 하나님을 배반할 때는 심판과 저주가 따를 것임을 경고한다.

여호수아 23장 11절을 적어보세요.

(2) 세겜에서의 언약 체결(24장)

여호수아는 세겜에서 이스라엘 백성에게 하나님의 선택과 구원의 섭리를 상기시키면서 야훼 하나님만을 섬기도록 권고한다. 그리고 야훼께 충성과 헌신을 다짐하는 언약을 맺도록 하고 그것을 돌판에 기록하여 큰 돌로 기념비를 세운다. 이후 여호수아는 110세로 그 생애를 마치고 안식을 누린다. 또한 요셉의 뼈를 세겜에 장사함으로 하나님의 언약이 이루어짐을 나타낸다.

여호수아 24장 32절을 적어보세요.

6. 절대 긍정, 절대 감사 Point

NOTE

1) 하나님의 약속을 신뢰하는 삶

하나님이 아브라함과 그 후손에게 주신 약속이 여호수아 때에 성취되었다. 이를 통해 하나님의 약속은 시간이 지나도 반드시 이루어진다는 사실을 알 수 있다. 우리가 절대 긍정의 믿음을 가지고 순종하면 하나님의 약속의 성취를 경험할 수 있다.

하나님의 약속을 신뢰하며 순종하기 위해 우리가 실천해야 할 구체적인 행동은 무엇인지 적어보세요.

2) 평탄하고 형통한 삶

하나님은 여호수아에게 늘 함께하시겠다고 약속하시며 하나님의 말씀을 묵상하고 순종하는 것이 성공의 열쇠임을 말씀하신다. 우리도 하나님의 말씀을 기억하고, 주야로 묵상하며 살아갈 때 평탄하고 형통한 삶을 살아갈 수 있다.

평탄하고 형통한 삶을 살기 위해 어떤 노력이 필요한지를 적어보세요.

NOTE

7. 과제

1) 하루에 여호수아서를 4장씩 읽으며 하나님의 말씀에 순종하기를 다짐해 보세요.

2) 여호수아서 강의를 통해 받은 감동과 깨달음을 적어보세요.

8. 장별 핵심 내용

NOTE

1-12장 가나안 정복

1장 약속의 땅 가나안 진입 준비
2장 여리고에 보낸 정탐꾼
3장 이스라엘이 요단강을 건너다
4장 열두 개의 기념 돌 건립
5장 거룩한 땅에서의 할례
6장 여리고 정복
7장 아간의 죄
8장 아이 성의 정복
9장 기브온 사람들의 간계
10장 기브온 전투의 승리와 가나안 남부 정복
11장 메롬 전투의 승리와 가나안 북부 정복
12장 정복 사업 요약과 정복한 왕들의 명단

13-22장 땅의 분배

13장 요단 동편 지역 정착 및 땅 분배(르우벤, 갓, 므낫세 반 지파)
14장 레위 지파 대신 요셉 자손을 두 지파로 조정 그리고 갈렙의 기업
15장 유다 지파의 땅
16장 요셉 지파의 땅
17장 므낫세 반 지파의 땅
18장 베냐민 지파의 땅
19장 나머지 여섯 지파(시므온, 스불론, 잇사갈, 아셀, 납달리, 단 지파)의 땅
20장 6개의 도피성 지정
21장 레위 지파에게 준 성읍 목록
22장 요단 동편 지파들의 귀환

23-24장 여호수아의 마지막 활동

23장 여호수아의 고별 설교
24장 세겜 총회, 여호수아의 죽음과 요셉의 뼈 매장

사사기 *Judges*

"이스라엘의 반복되는 죄의 역사, 끊임없는 하나님의 은혜"

NOTE

1. 들어가며

사사기는 "하나님이 사사를 세우셨다"라는 본문 말씀에서 유래되었다. 이 책에는 12명의 사사가 등장하며, 이들은 이스라엘 백성을 침략자의 손에서 구해 내는 군사적 리더로서 '구원자' 역할을 한다. 이스라엘 백성이 고난 중에 부르짖을 때마다 하나님은 그들에게 사사들을 보내주심으로 하나님의 변함없는 사랑과 신실하심을 나타내셨다.

2. 한눈에 보기

이스라엘은 '범죄–심판–회개–구원'의 순환을 역사 안에서 되풀이한다. 사사기는 불순종과 패역을 반복하는 이스라엘 백성을 끝까지 참으시며, 그들을 용서하고 시대마다 사사들을 세워 구원하시는 하나님의 한없는 사랑을 보여준다.

3. 중심 메시지

1) 진정한 왕이신 하나님: "그 때에 이스라엘에 왕이 없으므로 사람이 각각 그 소견에 옳은대로 행하였더라"(17:6)라는 말씀은 단순히 이스라

엘에 왕정 제도가 없었음을 의미하는 것이 아니다. 이 구절은 이스라엘 백성이 진정한 왕이신 하나님을 인정하지 않고 그분을 온전히 섬기지 않았음을 강조한 것이다.

NOTE

2) 영적 권능: 하나님은 회개하는 백성들을 구원하시기 위해 사사들을 세우셨다. 사사들에게는 '야훼의 영'(루아흐)이 임하였고, 이들은 자신의 능력이 아니라 하나님이 주신 권능으로 이스라엘의 지도자로서 이스라엘 백성을 구원할 수 있었다.

3) 긍휼을 베푸시는 하나님: 이스라엘 백성들은 끊임없이 야훼에 대한 신앙을 버리고 우상 숭배와 불순종의 길을 걸었지만, 하나님은 여전히 사사들을 세우셔서 그들을 구원하신다. 이러한 모습은 하나님의 은혜가 얼마나 크고 넘치는지를 보여준다.

4. 구조

구분	범위	주요 내용
사사시대의 일반적 특징	1:1-3:6	가나안 정복의 어려움, 사사시대의 영적 타락과 심판
이스라엘의 구원자인 사사들	3:7-16:31	옷니엘, 에훗, 삼갈, 드보라, 기드온, 돌라, 야일, 입다, 입산, 엘론, 압돈, 삼손
혼란의 시대인 사사시대	17-21장	종교적 타락과 도덕적 타락

5. 내용 분석

1) 사사기 1:1-3:6 | 사사시대의 일반적 특징

사사시대는 여호수아가 죽은 후에 시작된다. 이스라엘은 영적인 지도자를 잃고 혼란에 빠졌으며, 새롭게 등장한 세대는 야훼를 알지 못하고, 하나님이 그들에게 베푸신 크고 놀라운 기적마저 기억하지 못한다.

NOTE

사사기 2장 10절을 적어보세요.

2) 사사기 3:7-16:31 | 이스라엘의 구원자인 사사들

(1) 옷니엘, 에훗, 삼갈(3:7-31)

하나님은 이스라엘이 죄를 회개하고 부르짖을 때 옷니엘을 세우셔서 구산 리사다임을 물리치고 40년간 평화를 주신다. 그러나 이스라엘이 다시 범죄하자 암몬과 아말렉의 손에 19년간 고통을 받게 된다. 이에 이스라엘이 하나님 앞에 돌이키자 하나님은 에훗을 세워 모압 왕을 처단하고 80년간 평화를 이룬다. 삼갈은 소를 모는 막대기로 블레셋 사람 6백 명을 처치하며 이스라엘을 구원한다.

사사기 3장 10절을 적어보세요.

(2) 드보라(4-5장)

이스라엘이 죄를 범하여 가나안 왕 야빈의 손에 넘겨진다. 하나님은 고통 중에 부르짖는 이스라엘을 위해 여사사 드보라와 장군 바락을 세워 그들을 구원하신다.

(3) 기드온(6-9장)

이스라엘이 죄로 인해 고통받을 때, 하나님은 회개한 그들을 구원하기 위해 기드온을 사사로 세우신다. 하나님은 삼백 명의 병사를 선별하여 그들에게 칼 대신 횃불, 항아리, 나팔을 들고 적진에 들어가게 하신다. 그리하여 혼란에 빠진 미디안 연합군을 무찌르며 승리를 이루게 하신다. 승리한 기드온은 왕과 같은 삶을 누렸지만, 그의 후손들은 우상숭배로 인해 비참한 최후를 맞게 된다.

NOTE

사사기 7장 18절을 적어보세요.

(4) 돌라와 야일(10:1–5)

돌라는 23년간 사사로 활약한 후 사밀에 장사 된다. 길르앗 지파 사람인 야일은 22년 동안 이스라엘을 다스린 후 가몬에 장사 된다.

(5) 입다(10:6–12:7)

암몬과의 싸움을 앞둔 위기의 상황에서 하나님은 입다를 사사로 부르신다. 입다는 야훼의 영으로 충만하여 암몬과의 전투에서 큰 승리를 거둔다. 그러나 전쟁에 나가기 전 경솔하게 드린 서원 기도로 인해 자신의 딸을 하나님께 번제로 드리는 비극을 맞게 된다.

사사기 11장 1절을 적어보세요.

(6) 입산, 엘론, 압돈(12:8–15)

베들레헴의 입산은 이스라엘의 사사가 되어 7년을 통치하였다. 그 뒤를 이어 스불론 사람 엘론이 이스라엘의 사사가 되어 10년 동안 이스

NOTE

라엘을 통치하였다. 또한 비라돈 사람 힐렐의 아들 압돈이 사사로 8년을 통치하였다.

(7) 삼손(13-16장)

나실인으로 자란 삼손은 하나님이 주신 놀라운 힘으로 여러 차례 블레셋 사람들과 싸워 큰 승리를 거둔다. 그러나 블레셋 여인 들릴라와 사랑에 빠져 그녀의 꾐에 넘어가 힘의 근원에 대한 비밀을 알려주고 배신당한다. 삼손은 머리털을 밀려 힘을 잃고 블레셋의 포로로 잡혀 두 눈을 잃는다. 하지만 머리털이 다시 자라나 힘을 회복한 삼손은 마지막으로 하나님께 간구하여 블레셋의 다곤 신전의 기둥을 무너뜨렸고, 생전에 죽인 자보다 더 많은 블레셋 사람들을 죽이며 생을 마감한다.

사사기 13장 24절을 적어보세요.

3) 사사기 17-21장 | 혼란의 시대인 사사시대

(1) 종교적 타락(17-18장)

미가는 자신의 집에서 은으로 신상을 만들고, 레위인 제사장을 고용하며 종교적으로 타락한 모습을 보인다. 단 지파는 하나님의 뜻을 따르지 않고 미가의 집에서 제사장, 신상, 에봇, 드라빔을 약탈하여 지파 전체가 미가의 우상을 숭배하게 된다. 그 결과 단 지파는 북이스라엘이 멸망할 때 가장 먼저 사로잡히는 지파가 된다.

(2) 도덕적 타락(19-21장)

레위인의 첩은 베냐민 지파에 속한 기브아의 불량배들에 의해 강간을 당하고 죽게 된다. 레위인은 복수를 위하여 첩의 시체를 토막 내어 열두 지파에게 보낸다. 이 일로 미스바에서 총회가 열렸고, 베냐민 지파와 나머지 지파 간의 전쟁이 일어난다. 세 번의 치열한 전투 끝에 베냐민 지파는 장정 육백 명만 남게 된다.

NOTE

사사기 21장 25절을 적어보세요.

6. 절대 긍정, 절대 감사 Point

1) 절대 감사로 순종하는 삶

사사기는 이스라엘 백성이 하나님의 뜻을 따르다가 타락하고, 회개하며, 구원받는 과정을 반복한다. 이 기록은 우리가 하나님을 온전히 따르지 않을 때 어떤 결과를 초래하는지를 깨닫게 해주는 반면교사가 된다. 우리는 어떤 상황에서도 절대 감사하며 하나님의 뜻에 순종해야 한다. 이러한 삶을 통해 하나님의 인도하심과 축복을 풍성히 경험할 수 있다.

구원의 역사를 이루어가시는 하나님의 뜻을 따르기 위해 우리가 실천해야 할 구체적인 행동은 무엇인지 적어보세요.

2) 하나님의 일하심을 신뢰하는 삶

하나님은 우리의 연약함에도 불구하고 우리의 삶을 통해 하나님의 계획을 이루어가신다. 그러므로 우리는 어떤 상황에서도 절대 긍정과

NOTE

절대 감사의 마음으로 하나님의 일하심을 기대하며 하나님의 인도하심을 온전히 믿고 나아가야 한다.

하나님의 일하심을 신뢰하기 위해 어떤 노력이 필요한지를 적어보세요.

7. 과제

1) 하루에 사사기를 3장씩 읽으며 하나님의 말씀에 순종하기를 다짐해보세요.

2) 사사기 강의를 통해 받은 감동과 깨달음을 적어보세요.

8. 장별 핵심 내용

NOTE

1:1-3:6 사사시대의 일반적 특징

1:1-2:5 가나안 정복의 어려움

2:6-3:6 사사시대의 특징: 영적 타락과 심판

2:6-23 반복되는 불순종

3:1-6 가나안 족속들이 그 땅에 남겨진 이유

3:7-16:31 이스라엘의 구원자인 열두 사사들

3:7-31 ① 옷니엘, ② 에훗, ③ 삼갈

4장 ④ 드보라와 바락의 승리

5장 드보라의 승리의 노래

6장 ⑤ 기드온의 소명과 전쟁 준비

7장 기드온의 승리

8장 기드온의 실정

9장 아비멜렉의 일화

10:1-5 ⑥ 돌라, ⑦ 야일

10:6-18 이스라엘의 타락

11장 ⑧ 입다의 소명과 승리

12:1-7 지파들 간의 전쟁

12:8-15 ⑨ 입산, ⑩ 엘론, ⑪ 압돈

13장 ⑫ 삼손의 출생

14장 블레셋 여인과의 결혼

15장 삼손의 블레셋 전투

16장 삼손의 최후

17-21장 혼란의 시대인 사사시대

17-18장 종교적 타락

17장 미가의 우상숭배

18장 단 지파의 우상숭배

19-21장 도덕적 타락

19장 레위인과 그의 첩

20장 베냐민과의 전쟁

21장 베냐민 자손의 아내

룻기 *Ruth*

"이방 여인을 통해 이루신 하나님의 구원 사역"

NOTE

1. 들어가며

룻기의 배경은 왕이 없던 혼란스러운 사사시대이다. 책의 제목은 주요 인물인 룻, 즉 모압 출신의 여인의 이름에서 따온 것이다. 이방인이었던 룻은 베들레헴 출신의 보아스와 결혼하며 이스라엘 공동체의 일원이 되었고, 그녀의 후손은 다윗의 왕가로 이어진다. 하나님은 사사시대의 혼란한 상황에서도 룻의 가정을 통해 구원의 역사를 이루어가셨다. 이처럼 룻기는 하나님의 섭리와 신실하심을 보여준다.

2. 한눈에 보기

룻기는 이방 여인인 룻이 시어머니 나오미를 따라 고향 모압을 떠나 이스라엘로 돌아가면서 시작된다. 이 이야기는 하나님이 이스라엘 민족만의 하나님이 아니라 모든 민족의 하나님이심을 보여준다. 또한 이방인이라도 하나님을 믿으면 구원을 받아 하나님의 백성이 될 수 있다는 것을 드러낸다.

NOTE

3. 중심 메시지

1) 기업을 무를 자: '기업을 무르다'라는 말은 '구속하다'라는 의미를 가지고 있다. 이는 종으로 팔린 친척을 종의 상태로부터 구하거나 친척이 판 땅을 되찾아 줄 때, 혹은 결혼하고 자식이 없는 형의 기업을 잇기 위해 동생이 형수와 결혼하여 상속자를 낳는 경우에 사용되었다. 룻기에 나타난 기업 무를 자를 통해 예수님이 우리의 진정한 기업 무를 자임을 나타낸다.

2) 하나님의 백성: 룻과 보아스는 믿음과 사랑의 아름다운 결과로 다윗의 조상이 된다. 이를 통해 룻은 믿음의 조상으로써 예수님의 선조가 되는 영예와 복을 누리게 된다. 이방인인 우리도 예수 그리스도를 믿고 구원을 받아 하나님의 백성이 될 수 있는 은혜를 누리게 되었음을 깨닫게 해준다.

4. 구조

구분	범위	주요 내용
룻과 나오미의 귀향	1장	과부가 된 나오미와 룻, 룻의 결단
룻의 헌신적인 효성	2장	보아스 밭에서 이삭 줍는 룻, 기업 무를 자인 보아스
룻과 보아스의 만남	3장	기업 무를 자의 책임을 약속
룻의 결혼	4장	보아스와의 결혼

5. 내용 분석

1) 룻기 1장 | 룻과 나오미의 귀향

엘리멜렉과 나오미는 유다 땅에 기근이 들자 모압으로 이주하고, 두 아들은 그곳에서 결혼한다. 모압 땅에서 나오미는 남편과 두 아들을 잃고, 과부이자 이방인으로 보호를 받지 못하는 비참한 신세가 된다. 나

NOTE

오미는 고국으로 돌아가기로 결심했고, 룻은 시어머니와 끝까지 동행한다.

룻기 1장 16절을 적어보세요.

2) 룻기 2장 | 룻의 헌신적인 효성

룻은 우연히 보아스의 밭에서 이삭을 줍게 된다. 이 모습을 본 보아스는 일꾼들 사이에서 이삭을 줍는 가난한 여인이 룻임을 알게 된다. 그는 나오미에 대한 룻의 효성을 높이 평가하고, 추수꾼들에게 룻을 위해 조금씩 곡식을 흘리도록 명령한다. 친절을 베푼 보아스는 나오미의 기업을 무를 자이다.

룻기 2장 12절을 적어보세요.

3) 룻기 3장 | 룻과 보아스의 만남

룻은 나오미의 제안으로 타작마당의 보아스를 찾아가 자기 기업을 물려줄 것을 청원한다. 그리고 보아스는 룻에게 호의를 보이며 기업 무를 책임을 이행할 것을 약속한다.

룻기 3장 9절을 적어보세요.

NOTE

4) 룻기 4장 | 룻의 결혼

보아스는 룻과의 약속대로 기업 무를 책임과 권리를 이행한다. 보아스와 결혼한 룻은 아들을 낳았고, 그들의 후손이 다윗 왕의 계보로 이어진다.

룻기 4장 14절을 적어보세요.

6. 절대 긍정, 절대 감사 Point

1) 하나님의 섭리를 신뢰하며 절대 긍정하는 삶

룻이 시어머니 나오미를 따라 모압 땅을 떠나온 것, 룻이 보아스의 밭에서 곡식을 줍게 된 것, 그리고 그들의 결혼까지 이 모든 것이 하나님의 계획하심과 인도하심으로 이루어진 일이다. 우리의 삶도 하나님이 인도하시기에 절대 긍정과 절대 감사로 살아갈 수 있다.

하나님의 계획하심과 인도하심을 신뢰하기 위해서 어떤 노력이 필요한지 적어보세요.

2) 타인을 향한 사랑을 실천하는 삶

룻은 신실하게 하나님을 따르겠다고 고백하며 시어머니 나오미를 돌보며 사랑을 실천했다. 보아스도 룻의 섬김을 높이 평가하며 그녀에게 아낌없는 배려를 베풀었다. 하나님은 그들의 삶에 복을 주시고 하나님

NOTE

의 계획을 이루어가셨다. 이처럼 하나님의 사랑을 경험한 우리도 타인을 향한 사랑과 배려를 실천하는 삶을 살아야 한다.

타인을 향한 배려와 사랑을 실천하기 위해서 우리가 해야 할 구체적인 행동은 무엇인지 적어보세요.

7. 과제

1) 룻기를 읽으며 하나님의 말씀에 순종하기를 다짐해 보세요.

2) 룻기 강의를 통해 받은 감동과 깨달음을 적어보세요.

8. 장별 핵심 내용

NOTE

1장 룻과 나오미의 귀향
2장 룻의 헌신적인 효성
3장 룻과 보아스의 만남
4장 룻의 결혼

사무엘상 *1 Samuel*

"사사 시대의 종결, 왕정 시대의 시작"

NOTE

1. 들어가며

사무엘상은 사사 시대가 끝나고 왕정 시대가 시작되는 과정을 기록한 책으로, 사무엘, 사울, 다윗이라는 세 명의 주요 인물을 중심으로 전개된다. 이 책은 하나님의 주권 아래에서 인간 왕정이 도입되는 과정을 다루며, 하나님께 순종하는 삶의 중요성과 불순종의 결과를 강조한다. 이를 통해 이스라엘의 역사를 주관하시는 하나님의 섭리와 계획을 보여준다.

2. 한눈에 보기

사무엘상은 이스라엘의 마지막 사사 사무엘의 출생과 사역, 이스라엘 백성의 요구로 시작된 왕정의 도입, 그리고 첫 번째 왕 사울의 실패와 두 번째 왕 다윗의 선택과 성장 과정을 다룬다. 하나님은 인간의 요구로 시작된 왕정을 허락하셨지만, 그 과정에서 여전히 주권을 가지고 역사를 주관하신다. 사무엘상은 하나님께 순종하는 것이 얼마나 중요한지 보여줄 뿐 아니라 하나님을 의지하는 삶이 가져다 주는 승리를 보여준다.

3. 중심 메시지

1) 하나님의 주권: 하나님은 이스라엘의 진정한 왕으로서 모든 역사를 주관하신다. 인간의 요구로 세워진 왕정조차도 하나님의 섭리 안에서 이루어지며, 하나님께 순종하지 않는 왕은 결국 심판을 받는다.

2) 순종의 중요성: 사울의 실패는 하나님의 명령에 대한 불순종에서 비롯되었고, 다윗의 성공은 하나님께 철저히 순종한 결과였다. 이는 순종이 제사보다 중요하다는 진리를 보여주며, 인간의 지혜나 판단보다 말씀에 철저히 따르는 것이 더 중요함을 강조한다.

3) 믿음과 신뢰의 시험: 다윗은 사울의 추격과 위협 속에서도 하나님을 의지하며 믿음으로 나아갔다. 사무엘상은 하나님을 신뢰하는 삶이 고난 속에서도 하나님과의 관계를 더욱 깊게 하고, 나아가 하나님의 승리를 경험하게 한다는 교훈을 준다.

4. 구조

구분	범위	주요 내용
사무엘의 탄생과 사역	1-7장	사무엘의 탄생과 어린 시절, 영적 지도자로서의 부름
사울의 왕위 등극과 실패	8-15장	이스라엘의 왕 요구, 사울의 즉위, 불순종과 폐위
다윗의 선택과 사울과의 갈등	16-31장	다윗의 기름 부음, 사울의 질투, 사울의 몰락과 죽음

NOTE

5. 내용 분석

1) 사무엘상 1-7장 | 사무엘의 탄생과 사역

(1) 사무엘의 탄생(1:1-2:11)

아이를 낳지 못했던 한나는 하나님께 간절히 기도하며 아들을 주시면 하나님께 바치겠다고 서원한다. 한나의 애절한 기도를 들으신 하나님은 사무엘을 주신다. 한나는 약속대로 사무엘을 하나님께 드리고, 사무엘은 성소에서 엘리 제사장의 밑에서 자라난다.

사무엘상 1장 11절을 적어보세요.

(2) 엘리 가문의 타락과 사무엘의 소명(2:12-3:21)

엘리 제사장의 아들들은 성소에서 악행을 거듭한다. 하나님은 사무엘을 부르시고 이스라엘을 인도하는 새로운 영적 지도자로 세우신다. 하나님의 말씀에 순종한 사무엘은 선지자로서 사명을 본격적으로 감당한다.

사무엘상 3장 10절을 적어보세요.

NOTE

(3) 사무엘의 사역(4–7장)

이스라엘은 블레셋과의 전투에서 패배하여 언약궤를 빼앗기고 큰 혼란에 빠진다. 엘리 집안은 죽음과 제사장직의 박탈이라는 심판을 받는다. 언약궤를 가져간 블레셋은 하나님의 심판으로 고통받고, 결국 언약궤는 이스라엘로 돌아온다. 이후 사무엘은 미스바에서 백성들에게 회개를 촉구하고, 이스라엘은 블레셋을 물리치며 에벤에셀의 승리를 이끈다.

사무엘상 7장 12절을 적어보세요.

2) 사무엘상 8-15장 | 사울의 왕위 등극과 실패

(1) 이스라엘의 왕 요구(8장)

나이가 든 사무엘은 그의 아들들을 사사로 세웠지만, 그들은 아버지와 달리 부패하였다. 이로 인해 백성은 사무엘에게 왕을 요구한다. 사무엘은 이를 반대하지만, 하나님은 백성의 요청을 들어주시며 그들의 선택이 가져올 결과를 경고하신다.

사무엘상 8장 6-7절을 적어보세요.

(2) 사울의 즉위와 초기 성공(9–12장)

사울은 베냐민 지파의 사람으로, 겸손하고 뛰어난 외모를 가졌다. 하

NOTE

나님은 사무엘을 통해 그를 이스라엘의 첫 번째 왕으로 세우신다. 사울은 암몬과의 전투를 승리로 이끌며 백성의 신임을 얻는다. 사무엘은 왕과 백성이 모두 하나님의 명령에 순종해야 함을 경고하는 설교를 한다.

사무엘상 12장 14-15절을 적어보세요.

(3) 사울의 불순종과 몰락(13-15장)

사울은 블레셋과의 전투를 앞두고 사무엘을 기다리지 못하고 자신이 제사를 드리는 죄를 범한다. 또한 아말렉을 온전히 진멸하라는 명령에 불순종하며 하나님께 버림받는다. 사무엘은 사울에게 하나님이 그를 왕으로 더 이상 사용하지 않으실 것이라고 말한다.

사무엘상 15장 22-23절을 적어보세요.

3) 사무엘상 16-31장 | 다윗의 선택과 사울과의 갈등

(1) 다윗의 선택과 기름부음(16장)

하나님은 사무엘에게 베들레헴으로 가서 이새의 막내아들 다윗에게 기름을 부어 새로운 왕으로 세울 것을 명령하신다. 다윗은 하나님의 영에 감동되어 왕으로서의 준비를 시작한다. 사울이 악령에 의해 고통받을 때 다윗은 사울을 위해 수금을 연주하여 악령을 쫓아낸다.

NOTE

사무엘상 16장 7절을 적어보세요.

(2) 다윗과 골리앗(17장)

다윗은 블레셋의 장수, 거인 골리앗이 이스라엘과 하나님을 모욕하는 것을 참지 못하고, 하나님의 이름을 의지하며 그와 맞선다. 다윗은 물맷돌 하나로 골리앗을 쓰러뜨리며 승리를 거둔다. 이 승리로 인해 백성들은 다윗을 칭송하며, "사울은 천천이요, 다윗은 만만이로다"라고 노래한다.

사무엘상 17장 45-47절을 적어보세요.

(3) 사울과 다윗의 갈등(18-26장)

사울은 다윗을 시기하여 그를 죽이려 하지만, 다윗은 사울의 아들 요나단과 언약을 맺고 아내 미갈의 도움으로 목숨을 건진다. 사울에게 쫓기던 다윗은 두 번이나 사울을 죽일 기회가 있었지만, 하나님이 기름부으신 자를 해치지 않겠다고 하면서 사울을 살려준다.

사무엘상 24장 6절을 적어보세요.

NOTE

(4) 사무엘의 죽음과 사울의 최후(27-31장)

다윗은 사울의 추격을 피해 블레셋으로 망명하며 고난을 겪는다. 사무엘은 라마에서 사명을 마치고 죽음을 맞이한다. 블레셋과의 전쟁을 앞둔 사울은 하나님의 응답을 받지 못하며, 신접한 여인을 통해 죽음의 예언을 듣는다. 전투에서 패배한 사울은 길보아산에서 자살로 생을 마감하며, 다윗의 왕위 계승이 준비된다.

사무엘상 31장 6절을 적어보세요.

6. 절대 긍정, 절대 감사 Point

1) 하나님의 절대 주권 인정

하나님은 모든 역사의 주관자이시다. 어떤 것도 역사를 주관하시는 하나님의 뜻을 거스를 수 없다. 그러므로 우리는 힘든 상황에서도 낙심하지 말고 하나님을 신뢰하며 절대 긍정의 믿음으로 살아야 한다.

내 삶에서 하나님의 주권을 인정하고 감사할 점을 적어보세요.

2) 시련 속에서도 감사

다윗은 사울의 박해에도 하나님을 의지하며 감사했다. 고난은 그 순간에는 너무나 괴롭고 힘들지만, 하나님의 계획 안에서 성장과 회복의 기회가 된다. 우리는 모든 상황에서 절대 감사의 마음을 가지고 하나님의 뜻에 순종하며 살아야 한다.

NOTE

고난 속에서 감사할 수 있는 방법과 이를 적용할 점을 적어보세요.

7. 과제

1) 하루에 사무엘상을 5장씩 읽으며 하나님의 말씀에 순종하기를 다짐해 보세요.

2) 사무엘상 강의를 통해 받은 감동과 깨달음을 적어보세요.

NOTE

8. 장별 핵심 내용

1-7장 제사장 엘리와 예언자 사무엘

1장 사무엘의 탄생
2장 한나의 찬양과 엘리 아들들의 타락
3장 사무엘을 부르시는 하나님
4장 전쟁에서 패배, 빼앗긴 법궤
5장 다곤 성전에서 일어난 법궤의 기적
6장 기럇 여아림으로 돌아온 법궤
7장 미스바 금식 성회와 사무엘의 사사 활동

8-15장 사무엘과 사울의 등장

8장 왕정을 요구하는 이스라엘 백성
9장 기름부음 받은 사울
10장 왕으로 인정받은 사울
11장 암몬에 대한 승리와 사울 왕 즉위
12장 사무엘의 고별 설교
13장 사울의 첫 번째 배척당함(믹마스)
14장 요나단의 영웅적 행위
15장 사울의 두 번째 배척당함(아말렉)

16-31장 사울과 다윗의 갈등

16장 다윗의 기름부음 받음과 입궁
17장 다윗과 골리앗의 전투
18장 다윗과 요나단의 우정, 사울의 시기
19장 요나단과 미갈의 다윗 구출
20장 다윗과 요나단의 언약
21장 다윗이 놉과 가드로 피신
22장 사울이 놉의 제사장들을 학살
23장 다윗이 광야에서 사울을 피해 다님
24장 엔게디 동굴에서 사울을 살려줌
25장 사무엘의 죽음과 다윗, 아비가일 결혼
26장 십광야에서 사울을 두 번째로 살려줌
27장 다윗이 블레셋으로 망명함
28장 엔돌의 신접한 여인을 찾아간 사울
29장 다윗이 블레셋 군대에서 제외됨
30장 다윗이 아말렉을 물리침
31장 사울과 요나단의 전사(길보아산)

NOTE

사무엘하 *2 Samuel*

"다윗 왕국: 영광과 죄, 그리고 하나님의 은혜"

NOTE

1. 들어가며

사무엘하는 다윗의 통치와 관련된 중요한 사건들을 기록한다. 사울의 죽음 이후 다윗이 유다 지파의 왕으로 세워지고, 점차 이스라엘 전체를 다스리는 왕으로 등극하며 다윗의 왕국이 확립되는 과정을 자세히 다룬다. 이 책은 다윗의 승리와 성공뿐 아니라 그의 실패와 회개의 이야기를 통해 하나님의 은혜와 공의를 강조한다.

2. 한눈에 보기

사무엘하는 다윗이 유다 지파의 왕으로 세워진 후 이스라엘 전체의 왕으로 즉위하여 통치하는 동안 겪은 정치적, 군사적, 영적 사건들을 다룬다. 다윗은 예루살렘을 정복하여 수도로 삼고, 언약궤를 옮겨오며, 하나님으로부터 그의 왕조는 영원히 지속될 것이라는 "다윗 언약"을 받는다. 그러나 밧세바와의 간음 사건으로 큰 위기를 맞이하며, 가족 내 갈등과 반란의 어려움을 겪는다.

3. 중심 메시지

NOTE

1) 하나님의 주권과 언약: 하나님은 다윗을 택하셔서 그의 왕국을 견고히 세우시며, 다윗 언약을 통해 왕국이 영원히 지속될 것을 약속하신다. 이는 하나님의 신실하심과 구속의 계획을 분명히 드러낸다.

2) 회개의 중요성: 다윗의 실패와 회개의 과정은 하나님의 은혜와 용서를 경험하는 모습을 보여준다. 인간은 죄를 범할 수 있지만, 진심으로 회개하면 하나님은 용서하시고 다시 회복시켜 주신다.

3) 순종과 겸손: 다윗의 성공은 하나님의 말씀에 순종하고 겸손히 의지한 데서 비롯되었다. 그의 신뢰와 순종으로 인해 이스라엘은 번영을 누렸으며, 이는 모든 승리와 축복의 근원이 하나님께 있음을 증언한다.

4. 구조

구분	범위	주요 내용
다윗의 왕위 등극	1-10장	유다와 이스라엘 전체의 왕으로 등극, 왕국 확립
다윗의 범죄와 고난	11-20장	밧세바 사건, 가족 내 갈등과 압살롬의 반란
다윗의 마지막 업적	21-24장	왕국의 회복, 다윗의 감사와 유언

5. 내용 분석

1) 사무엘하 1-10장 | 다윗의 왕위 등극

(1) 사울과 요나단의 죽음(1장)

다윗은 사울과 요나단이 전사했다는 소식을 듣고 애도하며, 요나단과의 우정을 회상하면서 애가를 지었다. 이는 사울이 자신을 죽이려던 정적임에도 불구하고 하나님의 기름 부음 받은 자로 끝까지 존중한 다

NOTE

윗의 신앙과 인품을 보여준다.

사무엘하 1장 11-12절을 적어보세요.

(2) 다윗의 유다 왕 즉위(2-4장)

다윗은 유다 지파의 왕으로 기름 부음을 받고 헤브론에서 통치를 시작한다. 한편, 사울의 아들 이스보셋이 이스라엘의 왕으로 세워지면서 나라는 남북으로 분열된다. 그러나 다윗의 지혜로운 리더십과 하나님의 은혜로 이스보셋의 세력은 점차 약화되며, 결국 다윗이 이스라엘 전체의 왕으로 인정받게 된다.

사무엘하 2장 4절을 적어보세요.

(3) 다윗의 온 이스라엘 왕 즉위와 언약궤 이동, 정복 전쟁(5-10장)

다윗은 온 이스라엘 왕으로 즉위한 후 예루살렘을 정복하여 수도로 삼는다. 그는 언약궤를 예루살렘으로 옮기며 하나님께 예배드리고, 예루살렘을 종교적 중심지로 세운다. 하나님은 나단 선지자를 통해 다윗에게 "다윗 언약"을 선포하시며 그의 왕조가 영원히 지속될 것을 약속하신다. 이후 다윗은 하나님의 도우심으로 블레셋을 포함한 주변국과의 전쟁에서 승리하며 영토를 확장하고 이스라엘의 국력을 크게 강화한다.

NOTE

사무엘하 7장 16절을 적어보세요.

2) 사무엘하 11-20장 | 다윗의 범죄와 고난

(1) 밧세바 사건과 회개(11–12장)

다윗은 밧세바와 간음하고, 그 죄를 은폐하고자 그녀의 남편 우리아를 죽게 한다. 나단 선지자는 다윗의 죄를 지적하며 심판을 경고한다. 다윗은 진심으로 회개하고 용서를 받지만, 죄로 인한 고통은 그의 집안에 계속된다.

사무엘하 12장 13절을 적어보세요.

(2) 압살롬의 반란(13–20장)

다윗의 아들 압살롬은 다윗에 대한 반란을 일으키며 왕권을 위협한다. 다윗은 예루살렘을 떠나 피신하지만, 결국 하나님의 도우심으로 압살롬의 반란을 진압하고 왕권을 회복한다. 이 과정에서 다윗은 큰 고통과 슬픔을 경험하며, 하나님의 공의를 다시 깨닫는다.

사무엘하 18장 33절을 적어보세요.

NOTE

3) 사무엘하 21-24장 | 다윗의 마지막 업적

(1) 기근, 블레셋과의 전쟁, 다윗의 찬양과 용사들(21-23장)

이스라엘에 기근이 들자 다윗은 하나님의 뜻을 구하며 그 원인을 해결한다. 이후 다윗은 블레셋과의 전투에서 승리하며 나라를 안정시킨다. 다윗은 하나님의 은혜에 감사하며 찬양의 시편을 드리고, 그의 통치를 위해 헌신했던 용사들의 이름과 업적이 기록되어 그들의 희생과 헌신을 기념한다.

사무엘하 22장 50절을 적어보세요.

(2) 인구조사와 회개(24장)

다윗은 하나님의 명령을 어기고 인구조사를 실시하여 이에 대한 심판으로 이스라엘에 재앙이 임한다. 그는 자신의 죄를 깨닫고 진심으로 회개하며, 하나님께 번제를 드려 재앙을 멈추게 한다.

사무엘하 24장 25절을 적어보세요.

6. 절대 긍정, 절대 감사 Point

1) 하나님의 절대 주권 신뢰

다윗의 모든 승리와 실패는 하나님의 주권 아래 이루어졌다. 그의 삶은 하나님의 섭리가 어떻게 인간의 역사 속에서 이루어지는지를 보여준다. 우리의 삶에서도 하나님의 계획이 완벽하게 이루어지고 있음을 믿고 절대 긍정의 자세가 필요하다.

NOTE

내 삶에서 하나님의 주권을 인정하고 감사할 점을 적어보세요.

2) 회개와 회복의 은혜

다윗의 진심 어린 회개는 죄인을 향한 하나님의 용서와 회복의 가능성을 보여준다. 우리는 죄에서 돌이킬 기회를 주시고, 다시 새롭게 하시는 하나님의 은혜에 절대 감사해야 한다.

회개를 통해 변화되었던 경험이나 이를 통해 깨달은 점에 대해 적어보세요.

7. 과제

1) 하루에 사무엘하를 4장씩 읽으며 하나님의 말씀에 순종하기를 다짐해 보세요.

2) 사무엘하 강의를 통해 받은 감동과 깨달음을 적어보세요.

NOTE

8. 장별 핵심 내용

1-8장 유다와 이스라엘의 왕 다윗

1장 사울과 요나단을 위한 다윗의 애가
2장 다윗의 유다 왕 즉위와 이스보셋과의 내전
3장 아브넬의 투항과 피살, 다윗의 애도
4장 이스보셋의 암살과 살인자 처형
5장 다윗의 이스라엘 왕 즉위와 예루살렘 정복
6장 언약궤의 예루살렘 이동과 다윗의 찬양
7장 다윗 언약과 하나님의 왕조 약속
8장 다윗의 주변국 정복과 왕국 확장

9-20장 다윗의 왕국과 왕위계승 문제

9장 므비보셋에게 은혜 베풂과 사울 가문의 보호
10장 암몬과 전쟁 및 승리
11장 다윗과 밧세바 간음, 우리아 죽음
12장 나단의 책망과 다윗의 회개
13장 암논의 다말 범행과 압살롬의 암논 살해
14장 압살롬의 귀환과 다윗과의 갈등
15장 압살롬의 반란과 다윗의 탈출
16장 시므이의 저주와 다윗의 인내
17장 후새의 전략과 다윗의 도피 성공
18장 압살롬의 전사와 다윗의 애도
19장 다윗의 예루살렘 복귀와 왕권 회복
20장 세바의 반란과 요압의 진압

21-24장 다윗 이야기의 마무리

21장 기근 해결과 기브온 사람들과의 화해
22장 다윗의 찬양과 하나님의 구원 감사
23장 다윗의 마지막 말과 용사들의 업적 기록
24장 다윗의 인구조사와 하나님의 징계

NOTE

열왕기상 *1 Kings*

"영광과 몰락: 솔로몬의 통치와 이스라엘의 분열"

NOTE

1. 들어가며

열왕기상은 이스라엘 통일왕국이 가장 번영한 시점부터 남북으로 분열되기까지의 역사를 기록한 책이다. 솔로몬 왕은 하나님의 축복 아래 지혜와 부요함을 통해 이스라엘을 영광의 정점으로 이끌었다. 그러나 그의 불순종과 타락은 하나님의 심판을 불러왔고 결국 왕국의 분열로 이어졌다. 이 책은 하나님께 순종할 때 국가와 개인이 누리는 축복과, 불순종할 때 받게 되는 비극을 생생하게 보여준다.

2. 한눈에 보기

열왕기상은 다윗의 뒤를 이어 솔로몬의 통치, 성전 건축, 그리고 이스라엘 왕국의 부흥과 쇠퇴를 다룬다. 솔로몬의 초기 통치는 그의 지혜와 부요함으로 나라를 번영하게 했지만, 그의 타락은 하나님과의 언약을 깨뜨리고 왕국의 분열을 초래했다. 그 이후 이스라엘은 북이스라엘과 남유다로 나뉘어 각 왕들의 행적에 따라 하나님의 축복과 심판을 경험한다.

3. 중심 메시지

NOTE

1) 하나님 언약의 신실함: 다윗 언약은 솔로몬의 통치를 통해 실현되지만, 솔로몬의 불순종은 왕국의 분열을 초래한다. 그러나 하나님은 여전히 다윗의 후손을 통해 언약을 이어가셨다.

2) 순종과 불순종의 대가: 왕들의 순종은 축복과 번영을 가져오고, 불순종은 심판과 분열을 초래한다. 솔로몬의 타락과 여로보암의 우상숭배는 하나님께 불순종한 삶이 얼마나 비참한 결과를 낳는지 경고한다.

3) 선지자의 사명과 역할: 선지자들은 하나님을 떠난 왕과 백성들을 책망하며 회개를 강력히 촉구한다. 그들은 하나님의 공의와 은혜를 선포하며, 하나님의 구속사가 역사 속에서 실현되고 있음을 보여준다.

4. 구조

구분	범위	주요 내용
솔로몬의 통치와 성전 건축	1-11장	솔로몬의 즉위, 성전 건축, 타락
북왕국과 남왕국의 분열	12-16장	르호보암과 여로보암의 분열, 왕들의 행적
엘리야와 아합의 대결	17-22장	엘리야의 활동, 아합의 악행과 하나님의 심판

5. 내용 분석

1) 열왕기상 1-11장 | 솔로몬의 통치와 성전 건축

(1) 솔로몬의 즉위(1–2장)

다윗이 늙어 병들자 넷째 아들 아도니야가 왕위를 노린다. 그러나 나단 선지자와 밧세바의 도움으로 솔로몬이 왕으로 즉위한다. 솔로몬은

NOTE

다윗의 유언에 따라 제사장 아비아달, 군대장관 요압, 다윗을 저주했던 시므이 등의 반역자들을 처형하며 왕권을 공고히 한다.

열왕기상 2장 3-4절을 적어보세요.

(2) 솔로몬의 지혜와 번영(3-4장, 10장)

기브온 산당에서 일천 번제를 드린 후, 솔로몬은 하나님께 지혜를 구하여 전무후무한 지혜를 얻는다. 두 여인의 아기 판결은 그의 뛰어난 지혜를 보여주는 대표적인 사례다. 솔로몬의 통치 아래 이스라엘은 경제적 번영을 누리며 국제적으로도 명성을 떨친다.

열왕기상 3장 12절을 적어보세요.

(3) 성전과 왕궁 건축(5-9장)

솔로몬은 다윗의 유언을 따라 예루살렘에 성전을 건축한다. 7년간의 건축 끝에 성전이 완성되었고, 성전 봉헌식에서 솔로몬은 하나님께 간절히 기도하며 이스라엘의 미래를 축복한다.

열왕기상 6장 12-13절을 적어보세요.

NOTE

(4) 솔로몬의 타락과 심판(11장)

솔로몬은 이방 여인들과의 결혼으로 인해 우상숭배에 빠지며 하나님께 불순종한다. 하나님은 그의 불순종을 책망하시며 왕국을 분열시키겠다고 선언하신다.

열왕기상 11장 11절을 적어보세요.

2) 열왕기상 12-16장 | 북왕국과 남왕국의 분열

(1) 왕국의 분열(12:1-24)

솔로몬의 아들 르호보암은 백성들이 요구한 고된 세금과 노동의 완화를 거부하고 오히려 강압적인 정책을 강화한다. 이에 반발한 열 지파가 여로보암을 중심으로 반기를 들어 북이스라엘을 세우면서 이스라엘은 남유다와 북이스라엘로 분열된다. 르호보암은 북이스라엘과 전쟁을 시도하지만 선지자 스마야의 경고를 듣고 멈춘다.

열왕기상 12장 15절을 적어보세요.

(2) 여로보암과 우상숭배(12:25-14:20)

여로보암은 백성들이 예루살렘 성전으로 예배를 드리러 가다가 마음이 남유다로 돌아설 것을 두려워한다. 이에 북이스라엘의 단과 벧엘에 금송아지 두 개를 만들어 두고 숭배하도록 한다. 하나님은 선지자를 보

NOTE

내 그의 죄를 경고하며 회개를 촉구하지만, 여로보암은 하나님의 말씀을 끝내 무시하고 돌이키지 않는다.

열왕기상 13장 33-34절을 적어보세요.

(3) 왕들의 행적(15–16장)

남유다와 북이스라엘의 초기 왕들 대부분은 하나님 보시기에 악행을 저지른다. 남유다 아사 왕은 비교적 신실하게 하나님을 섬겼지만, 북이스라엘 왕들은 계속해서 우상숭배를 행했다. 특히 오므리와 그의 아들 아합은 심각한 악행으로 악명을 떨쳤다. 그중에서도 아합은 이세벨과 결혼하면서 바알 숭배를 도입하여 이스라엘을 영적으로 황폐화시켰다.

열왕기상 16장 30절을 적어보세요.

3) 열왕기상 17-22장 | 엘리야와 아합의 대결

(1) 엘리야의 사역(17–19장)

엘리야는 북이스라엘의 아합과 이세벨의 악행, 특히 바알 숭배에 맞서도록 부름받은 선지자이다. 그는 가뭄을 예언하며 하나님의 심판을 선포하고, 사르밧 과부의 아들을 살리는 기적을 행한다. 또한 갈멜산에서 바알 선지자 450명과 대결할 때 하늘에서 불을 내려 하나님의 살아계심을 선포한다.

NOTE

열왕기상 18장 38-39절을 적어보세요.

(2) 아합의 악행과 심판(20-22장)

아합은 나봇의 포도원을 강탈하고 음모를 꾸며 나봇을 살해하는 중대한 죄를 저지른다. 그들의 행위에 진노하신 하나님은 엘리야를 통해 그들의 죄를 책망하시고 그 집안의 멸망을 예언하신다. 결국, 아합은 길르앗 라못 전투에서 화살에 맞아 전사하고 그의 피는 예언대로 개들이 핥는다.

열왕기상 22장 38절을 적어보세요.

6. 절대 긍정, 절대 감사 Point

1) 하나님의 절대 주권 인정

솔로몬의 지혜와 번영, 왕국의 분열, 그리고 엘리야의 사역에 이르기까지 모든 사건은 하나님의 계획 속에서 진행되었다. 우리의 삶에서도 모든 순간이 하나님의 섭리 아래 있음을 믿고, 그분의 주권을 인정하며 감사하는 태도를 가져야 한다.

NOTE

하나님의 주권을 인정하며 감사할 수 있는 구체적인 상황을 적어보세요.

2) 순종과 겸손의 마음

솔로몬의 타락과 여로보암의 우상숭배는 순종하지 않는 삶이 가져오는 비극을 여실히 보여준다. 반면 엘리야는 하나님의 명령에 철저히 순종하여 하나님의 능력을 드러냈다. 절대 긍정의 태도로 하나님의 말씀을 신뢰하며, 겸손히 순종할 때 놀라운 축복이 따르게 된다.

하나님의 말씀에 순종하기 위해 결단하고 실천해야 할 일은 무엇인지 적어보세요.

7. 과제

1) 하루에 열왕기상을 3장씩 읽으며 하나님의 말씀에 순종하기를 다짐해 보세요.

2) 열왕기상 강의를 통해 받은 감동과 깨달음을 적어보세요.

8. 장별 핵심 내용

NOTE

1-11장 솔로몬의 통치

1장 다윗의 마지막 명령과 솔로몬의 즉위

2장 다윗의 유언과 솔로몬의 정적 숙청

3장 솔로몬의 지혜와 현명한 재판

4장 솔로몬의 행정 체계와 이스라엘의 번영

5장 성전 건축 준비

6장 성전 건축

7장 왕궁 건축

8장 성전 봉헌식

9장 솔로몬에 대한 하나님의 경고

10장 스바 여왕의 방문과 솔로몬의 부와 지혜

11장 솔로몬의 우상숭배와 왕국 분열의 예고

12-16장 왕국의 분열과 초기 북이스라엘 왕들

12장 르호보암의 강압적 정책으로 인한 왕국 분열

13장 여로보암의 금송아지 숭배와 선지자의 경고

14장 여로보암과 르호보암의 죽음

15장 유다의 아비야와 아사의 통치, 북이스라엘 왕 나답과 바아사의 치적

16장 북이스라엘의 여러 왕들(엘라, 시므리, 오므리, 아합)

17-22장 엘리야 선지자의 사역과 아합의 악행

17장 엘리야의 가뭄 예언과 사르밧 과부의 기적

18장 갈멜산에서의 바알 선지자들과의 대결

19장 엘리야의 도피와 하나님의 위로

20장 아람과의 전투에서 아합의 승리

21장 나봇의 포도원 사건

22장 예언자 미가야와 아합의 전사

열왕기하 *2 Kings*

"악한 왕들의 잘못된 통치, 두 왕국의 멸망"

NOTE

1. 들어가며

열왕기하는 북이스라엘과 남유다 왕국의 쇠퇴와 멸망 과정을 보여준다. 북이스라엘은 우상숭배와 불순종으로 앗수르에 의해 멸망하고, 남유다는 요시야의 개혁 이후에도 회복되지 못하고 결국 바벨론에 의해 멸망한다. 이 책은 하나님의 공의로운 심판을 분명히 보여주는 동시에, 끊임없이 회복과 소망의 메시지를 전달한다. 이를 통해 모든 역사를 주관하시는 하나님의 절대 주권이 선명히 드러난다.

2. 한눈에 보기

열왕기하는 두 왕국의 역사적 흐름 속에서 왕들의 순종과 불순종이 나라의 운명에 어떤 영향을 미쳤는지를 기록한다. 북이스라엘은 우상숭배와 하나님의 언약을 저버리는 죄악으로 멸망에 이른다. 남유다는 히스기야와 요시야 같은 선한 왕들을 통해 일시적인 개혁과 회복을 경험했으나, 그 이후에도 죄에서 돌이키지 않아 바벨론에 의해 멸망한다.

NOTE

3. 중심 메시지

1) 하나님의 공의와 심판: 북이스라엘과 남유다는 모두 하나님의 언약을 어기고 우상숭배와 죄악에 빠진다. 공의의 하나님은 이러한 죄를 심판하시며, 회개하지 않는 나라를 멸망으로 이끄신다.

2) 남은 자를 통한 구원의 약속: 하나님은 심판 중에도 남은 자를 통해 회복과 구원의 소망을 이어가신다. 엘리야와 엘리사의 사역, 히스기야와 요시야의 개혁은 하나님의 구속 계획을 보여주는 중요한 사건들이다.

3) 순종과 불순종의 결과: 왕들의 행위에 따라 왕국의 운명이 결정된다. 우상숭배와 불순종은 멸망을 초래하지만, 몇몇 선한 왕들의 순종과 개혁은 일시적으로나마 하나님의 은혜를 가져온다.

4. 구조

구분	범위	주요 내용
엘리사의 사역과 기적	1-13장	엘리야의 승천, 엘리사의 기적과 예언
북이스라엘의 멸망	14-17장	우상숭배와 죄악으로 인한 북이스라엘의 멸망
남유다의 쇠퇴와 멸망	18-25장	히스기야의 개혁, 요시야의 개혁, 남유다의 멸망

5. 내용 분석

1) 열왕기하 1-13장 | 엘리사의 사역과 기적

(1) 엘리야의 승천과 엘리사의 사역 시작(1-2장)

엘리야는 하나님의 명령에 따라 하늘로 승천하며 엘리사에게 두 배

NOTE

의 영감을 남긴다. 이어 엘리사는 요단강을 가르고, 여리고의 물을 고치는 기적을 행하며 하나님의 능력을 나타낸다. 또한 엘리사를 조롱한 아이들을 징계하는 사건을 통해 하나님의 공의가 드러난다.

열왕기하 2장 9절을 적어보세요.

(2) 엘리사의 기적들(3-8장)

엘리사는 모압과의 전쟁에서 물을 공급하는 기적을 통해 하나님의 능력을 나타낸다. 또한 과부의 기름을 채우고 수넴 여인의 아들을 살리는 사건을 통해 하나님의 자비를 드러낸다. 나아만의 나병을 고치며 이방인들에게도 하나님의 은혜가 임함을 보여주고, 전쟁 중에 하나님의 도우심을 선포하며 이스라엘이 회복과 구원의 길로 나아가도록 경고와 희망의 메시지를 전한다.

열왕기하 4장 35절을 적어보세요.

(3) 이스라엘 왕들과 엘리사의 사역(9-13장)

엘리사는 예후에게 기름을 부어 아합 왕조의 몰락을 예언하며, 이스라엘의 죄악을 심판하시는 하나님의 계획을 선포한다. 예후는 아합과 이세벨의 악행을 제거하지만, 이스라엘은 여전히 죄악 가운데 있었다. 죽을병이 든 엘리사는 마지막 순간까지 하나님의 능력을 증거한다. 심지어 죽음 후에도 엘리사의 유골에 닿은 시체가 살아나는 기적이 일어나 하나님의 능력을 드러낸다.

NOTE

열왕기하 13장 21절을 적어보세요.

2) 열왕기하 14-17장 | 북이스라엘의 멸망

(1) 북이스라엘의 왕들의 죄악(14:1-17:6)

여로보암 2세와 그 이후의 왕들은 우상숭배와 불순종으로 하나님의 심판을 자초한다. 특히 북이스라엘 왕들은 바알 숭배를 비롯한 여러 죄악으로 하나님을 노하게 한다. 결국 앗수르는 북이스라엘을 침략하여 수도 사마리아를 점령하고 백성들을 포로로 끌고 간다.

열왕기하 17장 5-6절을 적어보세요.

(2) 북이스라엘 멸망의 원인(17:7-41)

하나님은 북이스라엘의 멸망이 그들의 우상숭배와 언약을 어긴 결과임을 분명히 하신다. 그들은 하나님의 명령을 저버리고 이방 신을 숭배하며 반복적으로 하나님의 경고를 무시했다. 그들이 하나님의 말씀에 불순종한 결과, 이스라엘은 멸망했으며, 하나님은 이러한 심판을 통해 자신의 공의와 거룩하심을 드러내셨다.

NOTE

열왕기하 17장 14-15절을 적어보세요.

3) 열왕기하 18-25장 | 남유다의 쇠퇴와 멸망

(1) 히스기야의 개혁과 구원(18-20장)

히스기야는 남유다의 왕으로 하나님께 온전히 순종하며 종교 개혁을 단행한다. 그는 산당과 우상을 제거하고, 백성들이 하나님만을 예배하도록 한다. 앗수르의 침공 속에서도 하나님께 기도하며 도우심을 구한 히스기야는 기적적인 구원을 경험한다.

열왕기하 19장 19절을 적어보세요.

(2) 요시야의 개혁(22-23장)

요시야는 율법책을 발견한 후 이스라엘의 죄악을 깨닫고 대대적인 종교 개혁을 단행한다. 우상을 제거하고 하나님의 율법을 백성에게 가르치며 신앙을 회복하기 위해 힘쓴다. 요시야는 하나님의 말씀을 붙들고 헌신한 왕으로 기록되었으나, 그의 죽음 이후 남유다는 다시 타락의 길로 돌아선다.

NOTE

열왕기하 23장 25절을 적어보세요.

(3) 남유다의 멸망(24–25장)

요시야 이후 남유다는 악한 왕들의 불순종과 우상숭배로 인해 바벨론의 침공을 받는다. 예루살렘은 함락되고 성전은 파괴되었으며, 백성들은 포로로 끌려간다. 그러나 하나님은 다윗의 후손을 통해 남은 자를 보존하심으로 회복의 소망을 남기신다.

열왕기하 25장 21절을 적어보세요.

6. 절대 긍정, 절대 감사 Point

1) 하나님의 공의와 사랑

열왕기하는 북이스라엘과 남유다의 멸망이 하나님의 공의로운 심판임을 보여준다. 하나님의 공의는 인간의 죄악과 불순종을 결코 간과하지 않으신다는 것을 나타낸다. 이는 하나님께 돌아오게 하는 사랑의 표현이다. 우리는 하나님의 공의를 인정하고 그분의 뜻에 감사하며 바른 길로 나아가야 한다.

NOTE

하나님의 공의를 인정하고 감사할 수 있는 점을 적어보세요.

2) 남은 자의 소망

엘리야와 엘리사의 사역, 그리고 히스기야와 요시야의 개혁은 남은 자를 통해 이루어질 구원과 회복의 소망을 보여준다. 하나님은 심판 속에서도 소망의 문을 열어두고 남은 자를 통해 하나님의 언약을 이어가셨다. 우리는 절망 속에서도 하나님의 약속을 붙잡고 긍정적인 태도로 하나님의 계획에 동참해야 한다.

하나님의 은혜를 붙들고 긍정적으로 실천할 방법을 적어보세요.

7. 과제

1) 하루에 열왕기하를 4장씩 읽으며 하나님의 말씀에 순종하기를 다짐해 보세요.

2) 열왕기하 강의를 통해 받은 감동과 깨달음을 적어보세요.

8. 장별 핵심 내용

NOTE

1-8장 엘리야와 엘리사 선지자의 사역

1장 엘리야의 아하시야 왕에 대한 심판과 죽음 예언
2장 엘리야의 승천과 엘리사의 사역 시작
3장 모압 왕의 반란과 엘리사의 도움으로 승리
4장 엘리사의 기적들(과부의 기름 증가, 수넴 여인의 아들 살림 등)
5장 나아만의 한센병 치유
6장 도끼 기적, 도단에서 아람 군대의 눈을 멀게 한 엘리사
7장 사마리아의 기근과 엘리사의 예언 성취
8장 수넴 여인의 땅 회복과 하사엘의 등장

9-17장 예후의 개혁과 북왕국의 멸망

9장 예후의 기름 부음과 아합 왕조의 몰락 시작
10장 예후의 개혁(바알 숭배 철폐)과 한계
11장 아달랴의 섭정과 요아스 왕의 등극
12장 유다 왕 요아스의 성전 수리
13장 북왕국의 여호아하스와 요아스의 통치, 엘리사의 죽음
14장 아마샤 왕의 승리와 패배, 여로보암 2세의 부흥
15장 북왕국과 남유다의 여러 왕들(우상숭배와 혼란)
16장 아하스의 우상숭배와 앗수르에 대한 의존
17장 북왕국 이스라엘의 멸망과 앗수르의 사마리아 정복

18-25장 남왕국 유다의 역사와 멸망

18장 히스기야 왕의 개혁과 앗수르 왕 산헤립의 침공
19장 히스기야의 기도와 앗수르 군대의 패배
20장 히스기야의 병 고침과 바벨론 사신 방문
21장 므낫세와 아몬의 우상숭배
22장 요시야 왕의 성경 발견과 종교개혁
23장 요시야의 종교개혁과 죽음
24장 여호야긴이 바벨론 포로로 압송됨
25장 예루살렘의 멸망과 남유다의 포로 생활 시작

역대상 *1 Chronicles*

"언약의 성취, 다윗 왕조를 세우시는 야훼 하나님"

NOTE

1. 들어가며

역대기(역대상 · 하)의 히브리어 제목인 '디브레 하야밈'은 '그 시대의 사건들'이라는 뜻이다. 헬라어 성경에서는 이 책을 '사무엘서와 열왕기에서 생략된 사건을 보완해주는 의미로 '생략된 사건들'이라고 했으나, 한글 성경에서는 히브리어 제목을 반영하여 역대기라는 제목을 사용한다. 전통적으로 저자는 에스라로 알려져 있다.

2. 한눈에 보기

이스라엘 백성은 바벨론 포로 생활로 인해 하나님의 선택받은 백성이라는 정체성이 흔들렸다. 이러한 상황에서 역대상은 이스라엘의 족보를 통해 구원의 역사를 조명하고, 다윗 왕권과 성전의 제사 제도를 강조하며 하나님의 권위를 드러낸다. 이를 통해 이스라엘이 여전히 하나님의 선택받은 백성임을 확고히 한다.

3. 중심 메시지

1) 다윗 언약: 하나님은 다윗과 다윗 왕조를 통해 영원한 나라를 세우

실 것을 약속하셨다. 오실 메시아는 다윗의 후손으로 이스라엘에만 국한된 분이 아니라 모든 인류를 위한 분이시다.

NOTE

2) 하나님과의 관계: 포로 시대 이후 유대 공동체는 하나님과의 관계를 다시 회복해야 했다. 관계의 회복은 성전 중심의 예배 공동체, 즉 영적 공동체를 다시 세우는 것을 의미한다. 역대상은 제사장들의 역할과 족보를 상세히 다루면서 하나님과의 관계 회복은 신앙과 연결되어 있음을 강조한다.

3) 남유다의 역사: 북이스라엘은 처음부터 다윗 왕조와 상관없는 길을 걸었다. 비록 북이스라엘이 남유다 보다 영토가 넓고 인구가 많았지만, 하나님과의 관계가 단절된 나라로 간주되었다. 이에 역대상은 남유다의 역사를 중심으로 기록되었다.

4) 야훼의 전: 사무엘상 · 하와 열왕기상 · 하에 언급되지 않은 성전에 관한 내용을 다룬다. 역대상에서 성전은 세 가지를 상징한다. (1) 그 나라의 연합, (2) 하나님이 선택하셨음을 기억, (3) 택하신 백성과 함께하시는 하나님

4. 구조

구분	범위	주요 내용
다윗의 통치	1-9장	아담에서 사울까지의 족보
	10-12장	이스라엘 왕으로의 다윗의 등극
	13-16장	예루살렘으로의 언약궤 이송
	17-21장	다윗의 왕권 확립
	22-27장	다윗의 성전건축 준비
	28-29장	다윗의 왕위 이양과 죽음

NOTE

5. 내용 분석

1) 역대상 1-9장 | 아담에서 사울까지의 족보

역대상은 창세기에 나오는 족보로 시작한다. 아담에서부터 시작하여 야곱의 아들들이 소개되고, 다윗을 중심으로 유다의 마지막 왕까지 이어지는 계보를 보여준다. 기록자는 이스라엘 족속들의 연대기를 다시 정리하며 가나안 땅 분배와 관련된 내용을 언급함으로써 이스라엘의 정체성을 재확인시킨다.

역대상 1장 27절을 적어보세요.

2) 역대상 10-12장 | 이스라엘 왕으로의 다윗의 등극

블레셋과의 전투에서 패배한 사울은 사람에 의해 선택된 왕이지만 다윗은 하나님이 선택하신 왕이다. 역대상은 기름 부음 받은 다윗이 왕이 되어 통치를 시작하는 과정을 묘사하고, 그가 어떻게 예루살렘을 이스라엘의 수도로 삼았는지에 대한 역사적 배경을 제시한다.

역대상 10장 14절을 적어보세요.

3) 역대상 13-16장 | 예루살렘으로의 언약궤 이송

(1) 첫 번째 언약궤 이송 시도(13장)

다윗은 이스라엘 백성에게 언약궤를 예루살렘으로 옮기자고 제안한다. 그러나 웃사의 부주의로 인해 첫 번째 이송 시도가 실패하고, 언약궤는 오벧에돔의 집에 석 달 동안 머문다.

(2) 왕으로서의 다윗의 성공(14장)

다윗은 두로 왕과 우호적 관계를 맺어 예루살렘에 왕궁을 세운다. 이후 다윗의 가문은 점점 번성하고, 블레셋과의 전쟁에서 계속 승리하여 그의 명성은 널리 퍼져 나간다.

(3) 예루살렘으로의 언약궤 이송(15장)

다윗은 언약궤를 다시 예루살렘으로 이송한다. 이때 언약궤를 올바르게 이송하기 위해 노래하는 자들과 악기를 다루는 자들을 임명한다.

(4) 언약궤의 성전안치 의식(16장)

다윗은 언약궤가 장막 안으로 옮겨진 것을 크게 기뻐하며 하나님께 번제와 화목제를 드린다. 또한 언약궤 앞에서 섬기는 사람들이 해야 할 일을 정하여 모든 절차가 질서 있게 이루어지도록 한다. 그는 하나님께 영광을 돌리며 하나님의 자비를 백성들에게 가르친다.

역대상 16장 1절을 적어보세요.

NOTE

4) 역대상 17-21 | 다윗의 왕권 확립

(1) 다윗 언약과 다윗의 기도(17장)

하나님은 다윗이 성전을 건축하게 해달라는 것을 허락하지 않으신다. 하지만 다윗에게 한 왕조를 세우시고 그의 아들 솔로몬의 왕권을 견고히 하실 것을 약속한다. 다윗은 하나님의 약속에 감사하며 찬양의 고백을 드린다.

(2) 다윗의 정복사업(18-20장)

다윗은 블레셋, 모압, 소바, 아람의 주변 나라들을 차례로 정복하여 이스라엘에 평화를 가져온다.

(3) 다윗의 인구조사와 재앙(21장)

다윗은 사탄의 계략에 넘어가 자신의 힘과 능력을 과시하고자 인구조사를 실시하는 죄를 범한다. 이로 인해 이스라엘은 하나님의 심판을 받아 3일 동안 전염병이 퍼지게 되었고 그 결과 7만 명이 목숨을 잃는다. 이후 다윗이 오르난의 타작마당에서 야훼를 위한 단을 쌓고 제사를 드린 후에야 전염병이 멈추게 된다.

역대상 17장 7-8절을 적어보세요.

4) 역대상 22-27장 | 다윗의 성전건축 준비

NOTE

(1) 성전건축 준비(22장)

다윗은 오르난의 타작마당을 성전터로 정하고, 성전건축을 위해 석재, 목재, 금속재 그리고 기술자 등 필요한 모든 것을 준비한다. 그는 아들 솔로몬에게 성전건축을 독려하며 야훼의 율법을 준행할 것을 당부한다. 또한 이스라엘 방백들에게도 성전건축을 도울 것을 요청한다.

(2) 성전 봉사자들(23-26장)

다윗은 솔로몬을 왕으로 세운 후 레위인에게 성전에서 맡아야 할 역할과 임무를 지시한다. 제사장들은 제비를 뽑아 정해진 복무 순서에 따라 제사장직을 수행한다. 레위인도 마찬가지로 결정된 복무 순서에 따라 제사장을 돕는다. 또한 아삽과 헤만과 여두둔의 자손으로 구성된 찬양대가 조직되고 성전의 문지기 반장들, 곳간을 맡은 책임자들도 임명된다.

(3) 왕의 신하들(27장)

군대 지휘관들, 이스라엘 각 지파의 지도자들, 왕실의 재산을 관리하는 관원들, 개인적으로 다윗과 가장 가까운 사람들의 목록은 다윗의 통치 체제가 체계적으로 완비되어 있었음을 보여준다.

역대상 22장 1절을 적어보세요.

NOTE

5) 역대상 28-29장 | 다윗의 왕위 이양과 죽음

다윗은 솔로몬에게 하나님을 간절히 찾고 그 계명을 힘써 지키라고 당부하며, 성전건축에 헌신할 것을 요청한다. 다윗과 이스라엘 백성은 성전건축을 위해 금과 은을 비롯한 각종 재료를 준비하여 하나님께 봉헌한다. 다윗은 이 모든 것을 주신 하나님을 찬양하며 백성들과 솔로몬이 성전건축을 완수할 수 있게 해달라고 기도한다.

역대상 29장 25절을 적어보세요.

6. 절대 긍정, 절대 감사 Point

1) 언약을 붙잡는 삶

포로 생활 이후에 나라를 잃고 방황하던 이스라엘 백성들은 어떤 희망과 목표를 가지고 살아가야 할지 몰랐다. 그러나 그들이 붙잡고 나아갈 수 있었던 유일한 희망은 하나님의 변함없는 언약이었다. 우리가 절망 속에서 다시 일어날 수 있는 방법은 하나님의 말씀을 붙잡고 절대 긍정의 믿음으로 살아가는 것이다.

하나님이 우리에게 약속하신 언약을 붙잡기 위해 우리가 실천해야 할 일은 무엇인지 적어보세요.

2) 참된 번영을 누리는 삶

역대상은 다윗 왕조가 갖는 의미와 통찰을 생생하게 묘사한다. 특히 이스라엘 백성이 하나님을 향한 신뢰와 경외심으로 나아갈 때 그 땅은 평화와 번영을 누렸다. 하지만 그들이 하나님 앞에 신실하지 못했을 때 역경과 고난을 겪었다. 우리는 어떠한 상황에도 하나님의 신실하심을 믿고 절대 감사로 살아가야 한다.

NOTE

참된 번영을 누리기 위해 어떤 노력이 필요한지를 적어보세요.

7. 과제

1) 하루에 역대상을 5장씩 읽으며 하나님의 말씀에 순종하기를 다짐해 보세요.

2) 역대상 강의를 통해 받은 감동과 깨달음을 적어보세요.

NOTE

8. 장별 핵심 내용

1-10장 아담에서 사울까지의 족보

1장 아담에서 아브라함을 지나 야곱과 에서까지

2장 유다 자손부터 다윗, 그리고 그 자녀들까지

3장 다윗 왕조, 다윗부터 스룹바벨의 자손까지

4-8장 지파들의 계보

9장 포로기 이후 첫 예루살렘 주민들과 사울의 족보

10장 사울의 죽음

11-16장 다윗의 통치 시작

11장 다윗이 이스라엘의 왕이 됨, 예루살렘의 정복, 다윗의 용사들

12장 다윗을 도운 다른 지파 용사들

13장 다윗이 하나님의 궤를 오벧에돔의 집으로 옮김

14장 다윗이 블레셋을 무찌름

15장 다윗이 하나님의 궤를 예루살렘으로 옮김

16장 다윗의 감사 찬송

17-20장 성전 건축 준비(1)

17장 나단의 약속

18-20장 주변 국가의 정복

21장 인구조사

22-26장 성전 건축 준비(2)

22장 다윗이 성전 건축을 솔로몬에게 위임함

23장 다윗이 레위인들의 근무 조를 임명함

24장 다윗이 제사장들의 근무 조를 분류함

25장 성전 음악가의 임명

26장 성전 문지기와 성전 곳간 맡은 이의 임명

27-29장 다윗의 마지막 지시

27장 모든 가문의 우두머리와 왕의 관원들

28장 성전 건축을 위한 마지막 지시

29장 성전 건축 예물과 다윗의 감사기도, 그리고 솔로몬의 즉위

NOTE

역대하 *2 Chronicles*

"솔로몬의 통치와 남유다의 멸망"

NOTE

1. 들어가며

역대하는 솔로몬의 행적과 통치에 초점이 맞추어져 있다. 특히 성전 건축 이야기와 솔로몬 이후 유다 왕들의 역사를 다룬다. 이는 다윗 왕조를 중심으로 한 유다가 참된 이스라엘임을 보여주며, 하나님이 여전히 자기 백성을 잊지 않고 계시다는 증거이다.

2. 한눈에 보기

역대하는 다윗 왕조와 예루살렘 성전 제의를 중심으로 이스라엘이 직면하고 있던 야훼 신앙의 위기를 해결하고자 기록되었다. 이 책은 이방 종교와 혼합된 신앙을 철저히 배격하며, 예루살렘 성전에서 드리는 예배만이 참된 예배임을 강조한다. 이를 통해 이스라엘이 야훼 신앙으로 돌아가 영원한 약속을 회복해야 한다는 것을 설명한다.

3. 중심 메시지

1) 솔로몬의 성전 건축: 솔로몬이 성전을 짓고 봉헌할 때 이 일이 야훼의 말씀을 이룬 것이라고 선언한다. 이후 야훼의 영광이 구름과 불로

NOTE

나타나는데, 이는 모세가 성막을 짓고 봉헌식을 거행할 때와 평행을 이룬다. 이러한 장면은 솔로몬의 성전이 모세의 성막을 대신한다는 것을 보여준다.

2) 선한 왕과 악한 왕: 솔로몬 이후 많은 왕의 통치 행적을 야훼 신앙과 예배의 관점에서 평가한다. 야훼 신앙과 예배를 잘 따른 왕의 모델은 다윗이다. 다윗의 길을 따랐던 왕은 우상숭배를 몰아내고 신앙을 회복시키기 위해 노력했지만, 악한 왕은 야훼의 눈에 악을 행하는 자들이었다.

3) 하나님의 언약: 역대하는 유다 백성이 바벨론 포로 생활에서 귀환하고 성전 건축을 할 수 있도록 허락한 고레스 칙령으로 마무리된다. 이 칙령은 예레미야를 통해 예언된 바 있는 70년 후에 유다가 회복될 것이라는 하나님의 언약을 보여준다.

4) 순종과 불순종: 역대하는 유다의 왕들이 선지자의 예언, 책망, 충고에 어떻게 반응했는지를 매우 중요하게 다룬다. 이는 왕을 평가하는 중요한 기준이었다. 왕들은 야훼의 말을 대변하는 선지자의 예언에 순종해야 했다.

4. 구조

구분	범위	주요 내용
솔로몬의 통치	1장	솔로몬의 부와 지혜
	2-7장	솔로몬의 성전 건축과 봉헌
	8-9장	솔로몬의 영화
왕들	10:1-36:16	유다의 왕들
	36:17-23	유다 왕국의 멸망과 귀환

NOTE

5. 내용 분석

1) 역대하 1-9장 | 솔로몬의 통치

(1) 솔로몬의 부와 지혜(1장)

솔로몬은 기브온 산당에서 일천 번제를 드린 후, 백성을 잘 다스릴 수 있는 지혜를 하나님께 구한다. 하나님은 솔로몬의 간구를 기쁘게 여기시고 그에게 뛰어난 지혜를 주실 뿐만 아니라, 그가 구하지 않은 부와 명예, 강력한 군대까지 허락하신다.

역대하 1장 1절을 적어보세요.

(2) 솔로몬의 성전 건축과 봉헌(2-7장)

솔로몬은 성전 건축을 위해 두로 왕 후람에게 재료와 기술자를 요청하고, 다윗이 준 설계도에 따라 성전 건물과 기둥, 각종 성전 기구를 제작한다. 완공 후에는 성막에 있던 언약궤와 기구들을 성전으로 옮긴다. 성전 봉헌식에서 솔로몬의 기도가 끝나자 하나님은 불을 내려 응답하시고 성전은 하나님의 영광으로 충만하게 된다.

역대하 7장 14절을 적어보세요.

(3) 솔로몬의 영화(8-9장)

NOTE

① 솔로몬의 업적(8장)

솔로몬은 성전과 왕궁을 20년 동안 건축한다. 그 후에는 정복과 많은 건축 사업을 이어가는데 이 과정에서 가나안 족속들을 동원하여 강제 노역을 시킨다.

정책	사업	결과	성경
국방정책	하맛소바를 취함 국고성을 건축	북방 위협을 방비 유사시를 대비, 물자저축	8:3 8:6
노동정책	가나안 족속 인력 사용 이스라엘 백성 등용	가나안 족속은 노예 이스라엘 백성은 지휘관	8:8 8:10
종교정책	모세의 명령을 준수 다윗의 규례를 지킴	3대 절기를 지킴 레위인의 직무	8:13 8:14

② 솔로몬의 명성(9장)

스바 여왕은 솔로몬의 지혜에 대한 명성을 듣고 예루살렘에 방문하여 성전과 왕정의 행정제도가 그의 지혜에서 비롯되었음을 직접 보고 감탄한다. 솔로몬의 부와 지혜, 군사력과 영토는 하나님의 약속이 이루어진 증거이자 성전의 영광과 하나님의 이름을 온 세상에 드러내는 상징이다(참조, 사 2:3; 학 2:7).

역대하 9장 22절을 적어보세요.

NOTE

2) 역대하 10-36장 | 르호보암과 유다의 왕들

(1) 르호보암의 통치(10-12장)

솔로몬이 죽은 후 120년간 지속되었던 통일왕국은 남유다와 북이스라엘로 분열된다(10:19; 참조. 왕상 11:11-13, 34-35). 남유다 왕 르호보암이 야훼께 순종하자 북이스라엘의 제사장들과 레위인들이 르호보암에게 돌아오고 나라는 강성해진다. 그러나 르호보암이 교만하여 야훼의 율법을 버리고 범죄하자, 남유다는 하나님의 징계를 받아 애굽 왕 시삭의 손에 넘겨져 침략을 당한다(12:2-12).

(2) 아비야에서 시드기야까지(13:1-36:16)

왕	통치 기간	본문	통치 내용
아비야	3년	13장	• 하나님의 언약을 의지하여 북이스라엘의 여로보암과의 전쟁에서 수적인 열세를 극복하고 승리함
아사	41년	14-16장	• 우상과 신당을 척결하고 율법과 명령을 준행 • 성전의 번제단 보수와 야훼 하나님만을 섬길 것을 백성과 함께 언약을 맺음 • 재위 36년에 북이스라엘 왕 바아사의 공격 때 하나님을 의지하지 않고 아람 왕을 의지함 • 이를 지적한 선견자 하나니를 투옥함
여호사밧	25년	17-20장	• 다윗처럼 하나님께 충실하고 우상과 신당을 척결함 • 방백들을 지방에 보내 율법을 가르치게 하여 유다가 강성해짐 • 북이스라엘의 아합 가문과 혼인동맹을 맺고 함께 길르앗 라못을 공격하지만 패하고, 선견자 예후의 책망을 받음. • 유다와 예루살렘에 야훼의 법대로 공정하게 재판이 이루어지도록 하는 사법제도를 만듬 • 모압, 암몬 그리고 마온의 연합군의 공격시에 하나님을 의지하고 찬양대를 앞세워 전쟁에서 승리함

NOTE

왕	통치 기간	본문	통치 내용
여호람	8년	21장	• 아합의 딸 아달랴를 아내로 맞아 야훼 보시기에 악을 행하고 이에 대한 심판으로 에돔과 립나를 잃음 • 신당을 만들고 우상을 숭배하도록 한 것에 대한 심판으로 유다는 공격을 당하고 자신은 창자에 병이 들어 죽음
아하시야	1년	22:1-9	• 아합의 집의 길로 가는 악을 행하고 예후 혁명 때 죽임을 당함
아달랴	6년	22:10-12	• 아들 아하시야가 죽자 유다의 남은 왕족들을 죽이고 정권을 찬탈함 • 6년 후에 제사장 여호야다의 혁명 때에 죽임을 당함
요아스	40년	24장	• 제사장 여호야다의 도움으로 왕 위에 올라 그가 생존하는 동안 야훼에게 충실하고, 성전을 보수함 • 하지만 여호야다가 죽은 후에 야훼의 전을 멀리하고 우상을 숭배함 • 제사장 여호야다의 아들 스가랴가 책망하자 그를 돌로 쳐죽이게 함 • 야훼의 심판으로 아람과의 전쟁에서 부상을 입고 신하들의 모반사건에 살해당함
아마샤	29년	25장	• 세일 자손(에돔)을 물리치고 전리품으로 그들의 우상들을 가지고 와서 섬기게 하는 죄를 범하고 이에 대한 심판으로 북이스라엘과의 싸움에서 패하고, 아버지 요아스처럼 살해당함
웃시야	52년	26장	• 주변 여러 나라들과의 전쟁에서 승리하고 국경을 애굽까지 확장함 • 강성해지자 교만해져 제사장만이 할 수 있는 성소에서 분향하려했으나 하나님의 심판을 받아 이마에 나병이 나고 성전에서 쫓겨나 죽는 날까지 별궁에 격리됨
요담	16년	27장	• 야훼에게 충실한 왕으로 군사적인 성공과 경제적인 성공을 거둔 왕으로 칭찬을 받음
아하스	16년	28장	• 우상숭배와 인신제사로 인해 아람과 이스라엘을 통한 심판을 받음 • 이러한 하나님의 심판에도 우상숭배를 계속하는 악을 행함

NOTE

왕	통치 기간	본문	통치 내용
히스기야	29년	29-32장	• 즉위 초부터 야훼께 성결한 예배를 드리도록 종교개혁을 단행 • 유월절과 무교절을 지키게 하고, 우상과 산당을 제거하고 제사장들과 레위인들의 생계를 지원함 • 앗수르의 침공으로 맞은 위기에서 선지자 이사야와 더불어 하나님께 간구하여 기도의 응답으로 기적적인 구원을 받고, 죽을 병 가운데서 기도하여 15년의 생명 연장을 받음
므낫세	55년	33:1-20	• 유다에서 가장 악한 왕으로 그의 아버지 히스기야가 제거한 모든 우상숭배를 다시 행하게 만들어서 큰 죄악을 행함으로 유다 멸망의 결정적 역할을 함 • 앗수르를 통한 하나님의 심판으로 환난을 겪은 후 회개하여 하나님께 돌이키고 모든 우상과 제단을 제거하고 야훼만을 섬기도록 명령함
아몬	2년	33:21-25	• 므낫세가 만든 모든 우상을 숭배하고 하나님 앞에서 범죄하여 궁중에서 신하들에 의해 살해됨
요시야	31년	34-35장	• 8세의 나이에 왕이 된 후 야훼 보시기에 정하게 행하고, 20세가 되자 산당과 우상을 제거하는 개혁을 단행 • 26세에 야훼의 성전을 수리하는 도중에 율법책을 발견함 • 모든 백성들을 모아 성전에서 발견된 율법책을 낭독하고 야훼 앞에서 언약을 맺도록 하고 유월절을 지키게 함 • 이후에 요시야는 애굽 왕 느고에 맞서 싸우다가 전사함
여호아하스	3개월	34-35장	• 요시야의 아들로 즉위 석 달 후에 애굽의 느고에 의해 폐위되고 애굽으로 끌려감 • 느고는 그 대신에 동생 엘리야김을 왕으로 삼고 여호야김으로 이름을 바꿈
여호야김	11년	36:5-8	• 느고는 요시야의 또 다른 아들 엘리야김을 왕으로 삼고 여호야김으로 이름을 바꿈 • 여호야김은 야훼 하나님이 보시기에 악을 행하였는데 바벨론을 배반하였다가 바벨론에 포로로 잡혀감

NOTE

왕	통치 기간	본문	통치 내용
여호야긴	3개월	36:9-10	• 여호야김의 아들로 예루살렘에서 100일 동안 악하게 다스리다가 자신의 아버지처럼 바벨론으로 잡혀가고 그와 더불어 성전의 보물들도 약탈당함
시드기야	11년	36:11-16	• 유다의 마지막 왕으로 야훼 보시기에 악을 행하여, 느부갓네살왕을 배반하고 하나님의 사자를 거부하다 결국 그와 유다 나라 전체가 멸망함

역대하 17장 3-4절을 적어보세요.

(2) 유다 왕국의 멸망과 귀환(36:17-23)

하나님은 갈대아 왕을 도구로 사용하여 그의 백성을 심판하신다. 그 결과 성전과 예루살렘 성읍이 파괴되고 유다 백성은 포로로 끌려가게 된다. 그 땅은 70년간 안식년을 누리는데, 이는 예레미야를 통해 예언하신 말씀이 성취된 것이다. 역대기는 유다 사람들에게 포로 귀환과 성전 건축을 허락하는 고레스 칙령으로 마무리된다.

역대하 36장 21절을 적어보세요.

NOTE

6. 절대 긍정, 절대 감사 Point

1) 순종하는 신앙을 회복하는 삶

역대하는 유다 왕들의 통치 행적을 다룬다. 말씀에 순종했던 왕들은 시간이 지날수록 복을 받아 형통했지만, 불순종하고 악을 행했던 왕들은 결국 멸망의 길로 들어섰다. 이를 통해 우리는 어떤 상황에서도 절대 긍정의 믿음으로 말씀에 순종해야 함을 배울 수 있다.

나의 삶에서 내 안의 우상을 몰아내고 말씀에 순종하기 위해 어떤 노력이 필요한지를 적어보세요.

2) 소명과 사명을 붙잡는 삶

성전 건축은 귀환한 백성들이 국가 재건과 신앙 회복을 위해 가장 중요한 사명이었다. 다윗 왕조의 멸망과 함께 파괴된 성전 재건은 다윗 왕조의 회복에 대한 기대와 연관이 있으며, 나아가 하나님의 통치가 이뤄지는 하나님 나라의 회복으로 발전하게 된다.

하나님이 우리에게 주신 소명과 사명은 무엇이며 이를 실천할 수 있는 구체적인 행동은 무엇인지 적어보세요.

7. 과제

NOTE

1) 하루에 역대하를 5장씩 읽으며 하나님의 말씀에 순종하기를 다짐해 보세요.

2) 역대하 강의를 통해 받은 감동과 깨달음을 적어보세요.

NOTE

8. 장별 핵심 내용

1-9장 솔로몬 왕국

1장 솔로몬의 지혜 간구와 그의 병력과 부
2장 솔로몬과 두로 왕 후람과의 약조
3-4장 성전 건축
5장 성전 봉헌
6장 솔로몬의 성전 봉헌 기도
7장 솔로몬의 기도에 대한 하나님의 응답
8장 솔로몬의 건축 사업
9장 스바 여왕의 방문, 솔로몬의 부와 죽음

10-36장 유다 왕들의 역사와 고레스 칙령

10-12장 르호보암왕의 통치
13장 아비야왕의 통치
14-16장 아사왕의 통치

17-20장 여호사밧 왕의 통치

17장 여호사밧의 평화정부
18장 여호사밧이 북이스라엘의 아합왕과 동맹하여 다메섹에게 대항
19장 여호사밧의 사법제도 정비
20장 여호사밧이 암몬과 모압을 기도와 찬송으로 물리침
21-28장 여호람왕, 아하시야왕, 요아스왕, 아마샤왕, 웃시야(이사랴)왕, 요담왕, 아하스왕의 통치

29-32장 히스기야 왕의 통치

29장 종교개혁
30장 유월절 갱신
31장 제사장과 레위인들의 생계 대책 마련
32장 산헤립의 예루살렘 침공과 기적적인 구원
33장 므낫세왕과 아몬왕의 통치

34-35장 요시야왕의 통치

34장 종교 개혁과 율법서의 발견
35장 유월절 준수와 므깃도에서의 전사
36장 유다의 멸망과 페르시아의 왕 고레스의 칙령

NOTE

에스라 *Ezra*

"무너진 성전 재건과 말씀의 회복"

NOTE

1. 들어가며

에스라서는 예루살렘으로 돌아온 '남은 자'들에 대한 이야기로 성전 재건과 관련된 내용을 기록한다. 저자이자 중심인물인 에스라는 대제사장 아론의 후손이며 율법에 능통한 학사이다. 이 책은 주전 444년경 느헤미야의 귀환 이후에 기록된 것으로 추정된다.

2. 한눈에 보기

바사 왕 고레스는 주전 539년에 바벨론을 정복한 후 유대인들이 고국으로 귀환하도록 허용하는 칙령을 공포했다. 이에 세 차례에 걸친 귀환이 이루어졌고, 주전 458년에는 아닥사스다 왕의 명을 받은 에스라가 공동체를 이끌고 귀환하여 강력한 신앙개혁 조치를 실행했다. 이로써 유대인들은 야훼 신앙과 이스라엘 민족의 혈통적 순수성을 회복한다.

3. 중심 메시지

1) 언약의 성취: 바사 왕 고레스를 통해 이스라엘 백성을 귀환시키고

NOTE

성전을 복구하게 한 고레스 칙령은 중요한 의미를 담고 있다. 이 칙령은 하나님이 예레미야를 통해서 예언하신, 70년의 포로 생활의 마감이 이루어진 것일 뿐 아니라, 150여 년 전에 이사야 선지자를 통해 말씀하신 예언의 성취이기도 하다.

2) 말씀의 회복: 성전이 건축되었다고 모든 것이 끝난 것이 아니다. 성전을 건축하고 하나님 중심으로 살아가기 위해서는 하나님의 말씀이 회복되어야 한다. 에스라는 유월절 절기의 회복, 모세 율법의 시행 그리고 이방인들과 통혼한 백성들에게 야훼 신앙 공동체로서 신앙의 순수성을 지켜야 함을 강조한다.

4. 구조

구분	범위	주요 내용
1차 포로 귀환 및 성전 재건	1-6장	유다 백성의 귀환과 성전 재건
2차 포로 귀환 및 종교개혁	7-10장	에스라의 귀환과 개혁시도

5. 내용 분석

1) 에스라 1-6장 | 1차 포로 귀환 및 성전 재건

(1) 고레스 칙령과 바벨론 포로들의 귀환(1-2장)

① 고레스 칙령(1장)

주전 539년 바벨론을 정복한 바사의 초대 왕 고레스는 유대인들에게 조서를 내린다. 그는 유대인들의 귀향과 예루살렘 성전의 재건을 명하고, 바벨론이 약탈했던 예루살렘 성전의 그릇을 돌려준다. 고레스의 조서에 따라 1차 귀환을 주도한 인물은 유대인 고위 관리 세스바살이다.

NOTE

② 귀환한 유대인(2장)

귀환한 사람들의 지도자는 총독 스룹바벨과 제사장 예수아이다. 스룹바벨은 다윗의 자손으로 주전 597년에 포로로 잡혀간 여호야긴 왕의 손자이다. 예수아는 바벨론 포로 이전 마지막 대제사장인 요사닥의 손자이다.

포로 귀환 연대표

구분	1차 귀환	2차 귀환	3차 귀환
성경	스 1-6장	스 7-10장	느 1-13장
지도자	스룹바벨	에스라	느헤미야
페르시아 왕	고레스	다리오	아닥사스다
연도	주전 537년	주전 458년	주전 445년
인원	42,360명	약 5천명	1명
사업	성전 건축	신앙 부흥	성벽 재건

에스라 1장 3절을 적어보세요.

(2) 성전 건축(3–6장)

① 성전 재건 시작(3장)

일곱째 달(민 29:1)에 타버린 성전 터 위에 단을 쌓아 각종 번제를 하나님께 드린 후 초막절(레 23:33-36)을 지킴으로 야훼를 위한 희생 제사가 복원된다. 그 이듬해에 두로와 시돈에서 건축 자재를 구하고, 제사장들과 레위인들이 참석한 가운데 찬양 속에서 성전 건축이 시작된다.

② 성전 재건 방해(4장)

스룹바벨과 예수아를 비롯한 이스라엘의 족장들은 사마리아인들의 성전건축 동참 제안을 거절한다. 이에 반발한 사마리아인들은 아하수에로왕에게 유다의 성전 재건에 관해 고발하고, 아닥사스다왕에게도 고소장을 올려 유다 백성을 모함하고 참소한다. 이로 인해 다리오왕 2년까지 공사가 중단된다.

③ 성전 봉헌(5-6장)

중단되었던 성전 건축은 학개와 스가랴 두 선지자와 하나님의 말씀을 듣고 순종한 스룹바벨과 예수아에 의해 재개된다. 고레스의 조서를 발견한 다리오왕은 성전 재건을 지원하라는 명령을 내려 공사가 신속하게 진행되고, 4년 후인 다리오왕 6년에 성전 재건이 마무리된다.

2) 에스라 7-10장 | 2차 포로 귀환 및 종교개혁

(1) 아닥사스다 칙령과 바벨론으로부터의 에스라 파견(7-8장)

① 에스라와 아닥사스다의 조서(7장)

성전이 완공된지 약 60년 후, 아닥사스다왕 때 두 번째 귀환이 이루어진다. 이때 귀환을 이끈 지도자는 제사장 가문 출신이며 학자로서 율법에 능통한 에스라였다. 약 3개월 반 만에 예루살렘에 도착한 에스라는 하나님의 말씀을 이스라엘 백성들에게 가르친다.

② 2차 귀환자 명단과 귀환 과정(8장)

열두 지파에 따라 귀환한 인원이 파악되었는데, 그 수는 약 5천 명이었다. 에스라는 그들 중에 레위인과 성전 일꾼들을 모집한다. 약 1,400-1,500km의 먼 거리를 여행하여 예루살렘에 안전하게 도착한 그들은 하나님의 보호에 감사하며 예배를 드린다.

NOTE

NOTE

에스라 7장 10절을 적어보세요.

(2) 혼합 결혼의 파기와 백성의 언약(9–10장)

① 혼합 결혼의 문제(9장)

에스라는 이스라엘 백성이 이방 민족들과 섞여 살아감으로써 우상숭배의 유혹에 빠질 것을 우려한다. 그 우려는 현실이 되었고, 백성들이 하나님께 죄를 범한 사실이 드러난다. 이에 깊은 슬픔 속에서 하나님께 회개하며 백성들의 잘못을 바로잡으려고 한다.

② 에스라의 개혁(10장)

에스라는 금식 후 예루살렘 회중을 모으고 하나님의 뜻대로 이방 여인을 끊어버리라고 강력하게 말한다. 이스라엘 백성들은 이 문제에 대해 단호한 결단을 내려야 했다. 성전이 다시 건축되었다 하더라도 예배자의 삶이 온전하지 않으면 모든 것이 무의미하기 때문이다.

에스라 10장 1절을 적어보세요.

6. 절대 긍정, 절대 감사 Point

NOTE

1) 언약의 성취를 경험하는 삶

에스라서는 하나님의 말씀이 반드시 이루어진다는 것을 보여준다. 하나님은 예레미야를 통해 말씀하신 언약과 150여 년 전 이사야 선지자를 통해 하신 말씀을 이루기 위해 고레스를 통해서 일하셨다. 우리는 주어진 상황에서 절대 긍정의 태도로 말씀을 붙들 때 하나님의 은혜와 축복을 경험할 수 있다.

약속의 말씀이 성취될 것을 신뢰하기 위해 우리가 실천해야 할 구체적인 행동은 무엇인지 적어보세요.

2) 말씀을 삶으로 살아내는 삶

에스라는 하나님의 말씀을 연구하고 준행하며 가르치기를 결심한다(스 7:10). 하지만 그는 단순히 말씀만을 가르치지 않고 삶에 적용하여 과감히 개혁을 단행했다. 우리가 말씀을 삶으로 살아낸다는 것은 성경책에 밑줄만 긋는 신앙이 아니라 의지와 결단을 가지고 믿음의 걸음을 한 발 내딛는 것이다.

하나님의 말씀을 삶으로 살아내기 위해 우리가 실천해야 할 구체적인 행동은 무엇인지 적어보세요.

NOTE

7. 과제

1) 하루에 에스라서를 2장씩 읽으며 하나님의 말씀에 순종하기를 다짐해 보세요.

2) 에스라서 강의를 통해 받은 감동과 깨달음을 적어보세요.

8. 장별 핵심 내용

NOTE

1-6장 유다 백성의 귀환과 성전 재건

1장 귀향과 성전 재건의 허락

2장 귀향자 명단

3장 성전 재건의 시작

4장 대적자들의 성전 재건 방해

5장 성전 재건 공사의 재개

6장 성전 완공과 유월절 준수

7-10장 에스라의 귀환과 개혁시도

7장 귀향 명령

8장 귀향자 명단

9장 에스라의 회개기도

10장 이방혼인의 정리

느헤미야 *Nehemiah*

"무너진 성벽 재건과 신앙 공동체의 회복"

NOTE

1. 들어가며

느헤미야서는 기원전 432년경에 기록된 책으로, 이름의 뜻은 '야훼께서 위로하신다'이다. 느헤미야는 에스라에 이어 3차 포로 귀환자들의 지도자로 활동했다. 이 책은 폐허가 된 예루살렘 성벽을 재건, 예루살렘 중심의 정착 과정, 에스라와 느헤미야에 의한 언약 갱신과 신앙 개혁 사건을 다룬다.

2. 한눈에 보기

에스라 시대의 상황과 연결된 느헤미야서는 예루살렘 성벽 재건과 백성들의 예루살렘 정착 과정을 생생하게 묘사한다. 성벽 재건 과정에서 많은 방해와 비난이 있었지만, 느헤미야의 리더십과 야훼 중심의 신앙으로 이를 극복한다. 그 결과 말씀의 부흥이 일어나 신앙 공동체로서 잃어버렸던 이스라엘의 정체성을 다시 확립한다.

3. 중심 메시지

1) 하나님의 신실하심: 하나님은 느헤미야에게 성벽을 재건하고자 하

NOTE

는 소망을 주신다. 이를 통해 성벽이 완공되고 하나님은 그의 백성을 안전하게 지켜주신다. 신실하게 백성을 돌보시는 하나님은 성벽 재건을 계기로 잃어버린 하나님과의 관계를 회복하게 하신다.

2) 회복: 느헤미야서는 언약 백성의 귀환과 재건이라는 구속사적 의의를 지니고 있다. 또한 성벽 재건과 언약 갱신을 통해 언약에 충실하신 하나님이 택하신 백성을 보호하고 보존하시는 놀라운 섭리가 드러난다.

4. 구조

구분	범위	주요 내용
예루살렘 귀환과 성벽재건	1-6장	느헤미야의 파견과 성벽건축
에스라와 느헤미야의 종교개혁	7-13장	언약 갱신과 순종

5. 내용 분석

1) 느헤미야 1-6장 | 예루살렘 귀환과 성벽재건

(1) 아닥사스다의 조서와 느헤미야의 파견(1:1-2:10)

느헤미야는 바사 제국의 수도 수산궁의 술 관원장이었다. 그는 예루살렘 성이 훼파되고 자기 민족이 고통 속에 있다는 소식을 듣고 금식하며 하나님께 기도한다. 4개월간 계속된 기도의 응답으로 느헤미야는 왕에게 예루살렘 성의 재건을 간구하고 허락을 받는다.

느헤미야 1장 5절을 적어보세요.

NOTE

(2) 성벽 건축과 사회적 개혁들(2:11–6:19)

산발랏과 도비야가 성벽 건축을 방해한다. 그러나 느헤미야는 백성들을 격려하며 하나님에 대한 신뢰를 잃지 않도록 힘쓰며 공사를 계속한다. 거짓 소문과 음모에도 불구하고 성벽은 하나님의 도우심으로 52일 만에 완성된다.

느헤미야 5장 19절을 적어보세요.

2) 느헤미야 7-13장 | 에스라와 느헤미야의 종교개혁

(1) 언약 갱신(7–10장)

① 귀환자 명단(7장)

느헤미야는 예루살렘 성으로 주민을 이주시키기 위해 바벨론에서 귀환한 사람들의 명단을 작성해 인구 조사를 실시한다. 이후 이들을 불러 모은 느헤미야는 에스라에게 율법책을 가져와 읽어 줄 것을 요청한다.

② 에스라의 말씀 낭독(8-10장)

에스라는 히브리어로 된 율법책을 이스라엘 백성들에게 낭독한다. 레위인들은 당시 통용 언어인 아람어로 통역하여 모든 백성이 그 내용을 명확하게 알도록 했다. 백성은 초막절을 지키며 기쁨으로 하나님을 경배하고, 속죄일에 다시 모여 금식하며 하나님의 언약에 신실하게 반응할 것을 다짐한다. 또한 회개 기도 후 지도자들은 순종할 것을 믿음으로 고백한다.

NOTE

느헤미야 8장 18절을 적어보세요.

(2) 언약에 대한 순종(11-13장)

① 성벽 봉헌식(12:27-13:3)

성벽 봉헌식에서 유다 백성은 하나님을 크게 기뻐했으며, 신명기의 율법대로 암몬과 모압 자손은 하나님의 총회에 들어오지 못하게 한다.

② 언약에 따른 영적 개혁(13:4-31)

느헤미야는 바사 왕 아닥사스다 즉위 12년 동안 유다의 총독으로 지내다 바사 왕궁으로 돌아간다. 후에 그는 제2차 예루살렘 방문 때에 자신의 부재 시에 발생한 폐해를 발견하고 신앙개혁을 단행한다.

느헤미야 13장 14절을 적어보세요.

6. 절대 긍정, 절대 감사 Point

1) 하나님의 마음과 이웃의 마음을 헤아리는 삶

유다와 예루살렘 사람들의 소식을 들은 느헤미야는 그 아픔을 가지고 하나님 앞에 나와 금식하며 눈물의 간구를 드렸다. 우리도 주위에 고통당하는 이웃을 볼 때 하나님의 마음으로 이웃의 아픔을 헤아리고

NOTE

그들을 위해 기도해야 할 것이다.

하나님의 마음을 헤아릴 줄 아는 사람이 되기 위해 우리가 실천해야 할 구체적인 행동은 무엇인지 적어보세요.

2) 역경을 딛고 일어서는 삶

느헤미야는 반대 세력에도 불구하고 낙심하지 않고 믿음으로 나아가 52일 만에 성벽 재건을 완성했다. 우리의 삶에 시련과 역경이 있을 때 낙심하지 않고 절대 긍정의 믿음으로 하나님을 붙들고 나아가면 놀라운 하나님의 역사를 경험할 수 있다.

고난과 역경을 딛고 일어서는 삶을 살기 위해 우리가 실천해야 할 구체적인 행동은 무엇인지 적어보세요.

7. 과제

1) 하루에 느헤미야서를 2장씩 읽으며 하나님의 말씀에 순종하기를 다짐해 보세요.

2) 느헤미야서 강의를 통해 받은 감동과 깨달음을 적어보세요.

8. 장별 핵심 내용

NOTE

1-7장 총독 느헤미야와 성벽 재건

1장 예루살렘을 위한 느헤미야의 기도

2장 귀향과 성벽 조사

3장 성벽 건축과 건축자들의 명단

4장 성벽 공사 방해의 극복

5장 느헤미야의 사회 개혁

6장 성벽 완공

7장 귀향자 명단

8-10장 율법 낭독과 언약 갱신

8장 에스라를 통한 율법 낭독과 초막절 준수

9장 백성의 회개기도

10장 언약 갱신

11-13장 느헤미야의 남은 활동

11장 예루살렘 주민과 지방 주민의 명단

12장 제사장들과 레위인들의 명단, 그리고 성벽의 봉헌

13장 느헤미야의 사회개혁(성전 정화, 안식일 준수, 이방혼인 금지)

에스더 *Esther*

"이방 땅에서도 하나님은 여전히 역사하신다"

NOTE

1. 들어가며

에스더서는 바사(페르시아)라는 대제국의 통치 아래 포로 생활을 하던 유다인들이 겪는 위기와 고난을 배경으로 한다. 이 책은 하나님의 보호 아래 하나님의 주권과 섭리 안에서 하나님의 주권을 믿는 백성이 결국 승리한다는 점을 강조한다. 저자는 페르시아 궁중 기록을 입수할 수 있었던 유다인으로 추측된다.

2. 한눈에 보기

에스라서와 느헤미야서가 본국으로 귀환한 유다인들의 이야기를 다룬다면, 에스더서는 귀환하지 않기로 선택한 유다인들의 이야기를 기록한다. 이 책은 유다인으로서 바사 제국의 왕 아하수에로의 왕후가 된 에스더가 하만의 음모에 의해 멸절의 위기에 놓인 유다인을 구원하는 과정을 담고 있다.

3. 중심 메시지

1) 하나님의 섭리: 하나님의 보호하심이 지금 당장 눈에 보이지 않아

도 하나님의 인도하심을 믿어야 한다. 하나님은 고국으로 돌아가지 않은 백성들이 하나님의 뜻을 저버린다 해도 여전히 그들을 돌보신다.

NOTE

2) 감춰진 하나님의 이름: 에스더서는 바사 궁정의 공문서에서 발췌한 내용(2:23)을 포함하고 있기 때문에 하나님의 이름이 생략되었다. 비록 바사 제국의 검열관이 하나님의 이름을 제거할 수 있었으나 하나님은 결코 제거될 수 없다.

3) 잔치: 세 번의 잔치(아하수에로왕의 잔치, 에스더의 잔치, 부림절의 잔치)를 통해 알 수 있는 것은 사탄이 전쟁을 준비하며 잔치를 열지라도, 결코 승리할 수 없다는 것이다. 승리는 항상 예수 그리스도와 그리스도인에게 있다.

4) 부림절의 기원: 부림절의 역사적 배경을 밝힌다. 부림절은 유다인들이 죽기로 되어 있던 12월 13일에 오히려 하만의 민족(아말렉 족속) 75,010명을 멸절한 사건을 기념하는 명절이다. 이는 유다인의 구원을 기념하는 절기로 감사절이기도 하다.

4. 구조

구분	범위	주요 내용
위기에 처한 유다인	1-2장	바사(페르시아)의 왕후가 된 유다인 에스더
	3-4장	유다인의 원수 하만의 계획
유다인의 승리	5-7장	하만에 대한 모르드개의 승리
	8-10장	이스라엘의 승리

NOTE

5. 내용 분석

1) 에스더 1-4장 | 위기에 처한 유다인

(1) 왕후 와스디의 폐위(1장)

아하수에로왕이 즉위한 지 3년째 되던 해에 왕은 180일 동안 잔치를 열고, 이 자리에서 왕후 와스디에게 면류관을 쓰고 나와 그녀의 미모를 하객에게 보여주라고 명령한다. 와스디가 이를 거절하자 강한 수치와 모욕감을 느낀 아하수에로왕은 그녀를 폐위시키고, 전국에 조서를 내려 새로운 왕후를 선발하게 한다.

에스더 1장 12절을 적어보세요.

(2) 바사의 왕후가 된 에스더(2장)

외삼촌 모르드개의 손에 자란 유다인 에스더는 와스디를 대신하여 바사의 새로운 왕후가 된다. 에스더는 모르드개의 말에 따라 자신이 유다인이라는 사실을 말하지 않는다. 당시 모르드개는 왕의 암살 음모를 우연히 듣게 되고, 이를 에스더를 통해 왕에게 전하여 왕의 생명을 구한다. 이로 인해 모르드개의 이름은 궁중 일기에 기록된다.

에스더 2장 4절을 적어보세요.

NOTE

(3) 유다인의 원수 하만의 계획(3장)

하만은 왕의 신임을 얻어 교만해진다. 그는 자신에게 경배하지 않는 모르드개를 보고 분개하여 모르드개를 죽이려 한다. 그리고 모르드개를 죽이는 것이 부족하다고 생각하여 온 유다인을 멸절시키려고 결심한다. 아달월 13일에 유다인을 학살하려는 계획을 세운 하만은 교묘한 술수로 왕의 동의를 얻어낸 후 각 지방에 유다인을 학살하라는 조서를 내려보낸다.

에스더 3장 5절을 적어보세요.

(4) 모르드개의 민족구원 노력(4장)

유다인을 학살하라는 조서가 퍼지자 모르드개와 모든 유다인들은 베옷을 입고 금식하며 눈물로 하나님께 부르짖는다. 모르드개는 에스더에게 왕후의 자리에 있는 것은 유다인을 구원하기 위한 하나님의 뜻임을 깨우치며, 민족을 구원해 줄 것을 간청한다. 에스더는 유다인 모두에게 3일간 금식해 달라고 부탁하고, 자신도 금식한 후 '죽으면 죽으리라'는 각오로 왕 앞에 나아간다.

에스더 4장 16절을 적어보세요.

NOTE

2) 에스더 5-10장 | 유다인의 승리

(1) 하만에 대한 모르드개의 승리(5-7장)

① 에스더의 첫 번째 연회와 하만의 흉계(5장)

아하수에로왕은 에스더에게 금 규를 내밀어 그녀의 소원을 묻는다. 이에 에스더는 왕과 하만을 잔치에 초대한다. 잔치에 초대받은 하만은 대궐을 나오다가 자기에게 인사하지 않는 모르드개를 보고 분노한다. 더욱 교만해진 하만은 집으로 돌아가 오십 규빗이 되는 나무를 세워 모르드개를 죽일 것을 의논한다.

② 명예를 얻는 모르드개(6장)

하만이 모르드개를 죽이기로 한 날 밤 왕은 잠을 이루지 못한다. 그래서 왕은 역대 일기를 읽도록 하고 잊고 있었던 모르드개의 공로를 생각한다. 왕은 하만을 불러 모르드개에게 상을 주게 하고 모든 사람 앞에서 영광을 받도록 지시한다. 하만은 왕의 명령을 수행한 후 곧바로 에스더의 잔치에 불려 간다.

③ 에스더의 두 번째 연회와 하만의 죽음(7장)

두 번째 잔치에서 에스더는 자신이 유다인이라는 사실을 밝히고 자신의 민족을 구해달라고 간청한다. 에스더는 유다인들을 멸절하려는 음모를 꾸민 자가 하만임을 밝힌다. 하만이 에스더가 앉은 걸상에 엎드려 목숨을 구걸했으나 왕은 그것이 왕후를 해치려는 것으로 보고 모르드개를 매달기로 한 장대에 하만을 죽게 한다.

에스더 7장 3절을 적어보세요.

(2) 이스라엘의 승리(8-10장)

에스더와 모르드개의 승리로 인해 왕은 새로운 조서를 내려 유다인들의 생명을 보호한다. 하만이 제비를 뽑아 유다인들을 멸하려 하던 그해 12월 13일은 오히려 하만의 열 아들을 포함해 75,010명에 달하는 대적을 물리친 날이 된다. 모르드개는 유다인들의 승리를 경축하기 위해 12월 14일과 15일을 부림절로 제정한다.

에스더 9장 22절을 적어보세요.

6. 절대 긍정, 절대 감사 Point

1) 하나님의 주권과 섭리를 인정하는 믿음

에스더서는 위기의 상황을 만났을 때 절대 긍정의 믿음으로 하나님의 주권과 섭리를 신뢰해야 함을 가르친다. 이방 땅에 살고 있는 디아스포라의 유다인들은 구원받을 것에 대한 확신은 있었지만 그것이 어떻게 이루어질지는 몰랐다. 위기의 상황에서도 하나님은 자신의 백성을 위해 여전히 일하신다.

하나님의 주권과 섭리를 인정하는 삶을 살아가기 위해 우리가 실천해야 할 구체적인 행동은 무엇인지 적어보세요.

NOTE

2) 믿음을 실천하는 삶

에스더서는 위기의 상황 속에서 믿음으로 행동해야 한다고 가르친다. 모르드개와 에스더가 보여준 용기 있는 행동은 믿음으로 살아가는 신앙인의 자세를 보여준다. 우리는 하나님의 인도하심에 대한 확신을 가지고 어떤 상황에서도 절대 감사하며 믿음을 실천해야 한다.

나의 삶에서 믿음을 실천하기 위해 어떤 노력이 필요한지를 적어보세요.

7. 과제

1) 하루에 에스더서를 2장씩 읽으며 하나님의 말씀에 순종하기를 다짐해 보세요.

2) 에스더서 강의를 통해 받은 감동과 깨달음을 적어보세요.

8. 장별 핵심 내용

NOTE

1-2장 바사(페르시아)의 왕후가 된 유다인 에스더

1장 와스디 왕후의 폐위

2장 왕후가 된 에스더, 그리고 에스더의 양아버지 모르드개의 충성

3-5장 유다인의 원수 하만의 계획

3장 유다인을 몰살하려는 하만의 음모

4장 모르드개가 에스더에게 도움을 청함

5장 에스더가 왕과 하만을 잔치에 초대함

6-7장 모르드개의 예우와 하만의 정체 폭로 및 처형

6장 왕이 모르드개를 예우함

7장 하만이 사형에 처해짐

8-9장 유다인의 구원과 부림절 축제 거행

8장 유다인들에게 살 길이 열림

9장 유다인들이 원수들을 진멸함과 부림절 제정

10장 바사(페르시아)의 최고 관리가 된 유다인 모르드개

III. 시가서

5권

욥기 | 시편 | 잠언
전도서 | 아가

욥기 *Job*

"고난 속에서도 하나님의 절대 주권을 신뢰하라"

NOTE

1. 들어가며

욥기의 저자는 초기 유대 전승이나 탈무드에 따르면 모세로 추정된다. 욥은 아브라함과 같은 족장 시대 인물로 여겨진다. 욥기는 '왜 의인이 고난을 겪는가?'라는 질문에 대한 답을 제시하고자 하며, 모든 우주와 인간을 주관하시고 섭리하시는 하나님의 절대 주권을 강조한다.

2. 한눈에 보기

욥기는 의롭다고 여겨지던 욥이 겪는 고난을 중심으로, 그 고난을 둘러싼 욥과 친구들 간의 논쟁, 그리고 고난의 이유에 대한 하나님의 대답으로 이야기가 전개된다. 이 과정을 통해 고난이 단순히 죄에 대한 하나님의 징벌로만 설명될 수 없음을 보여준다. 욥기는 인간의 지혜로는 이해할 수 없는 고난의 신비, 창조주 하나님의 절대 주권, 고난을 마주했을 때 신앙인으로서 취해야 할 자세를 다룬다.

3. 중심 메시지

1) 인간 지혜의 한계: 의인은 복을, 악인은 심판받는다는 인과응보 사

NOTE

상은 고대 이스라엘 사회에 뿌리내린 전통적 교리였다. 그러나 욥기는 이에 반박하며 고난은 악인뿐만 아니라 의인도 겪을 수 있음을 강조한다. 이처럼 욥기는 인간 지혜의 한계를 드러내며 인간이 만든 교리에 따라 하나님의 섭리를 판단하는 위험성을 지적한다.

2) 고난에 대한 통찰: 욥은 인간이 하나님의 정의를 판단할 지식이나 자격이 없음을 깨닫고 회개한다. 의인도 고난을 겪을 수 있으며, 그 이유가 인간의 지혜로 이해할 수 없는 하나님의 섭리에 있음을 고백한다. 욥기는 고난이 성도를 단련하고 하나님을 더 깊이 알고 그분께 더 가까이 나아가게 하는 통로임을 보여준다.

3) 하나님의 절대 주권: 하나님은 왜 의인이 고난을 겪는지 설명하는 대신 창조주의 전지전능함과 인간의 한계를 대비시켜 인간의 교만을 깨우치신다. 모든 피조물을 지배하고 다스리시는 하나님은 인간의 이해에 제한되지 않으신다. 인간은 자신의 연약함을 깨닫고 하나님의 절대 주권을 인정해야 한다.

4. 구조

구분	범위	주요 내용
욥의 고난	1-2장	욥의 고난과 탄식
고난에 대한 논쟁	3:1-42:6	욥의 독백, 친구들과의 논쟁, 엘리후의 연설, 하나님의 현현
욥의 회복	42:7-17	욥의 회복

NOTE

5. 내용 분석

1) 욥기 1-2장 | 욥의 고난

(1) 욥에 대한 소개(1:1–5)

우스 땅에 살던 이방인 욥은 순전하고 정직하며, 하나님을 경외하고 악에서 떠난 사람이다. 그는 하나님께 복을 받아 유복한 가정을 꾸리고 많은 재산을 소유하고 있다. 또한 자신뿐 아니라 자식들까지도 하나님 앞에 바로 세우고자 노력하며 경건한 삶을 산다.

욥기 1장 1절을 적어보세요.

(2) 의로운 욥의 고난(1:6–2:13)

하나님은 욥이 재물 때문에 하나님을 경외한다는 사탄의 비방을 듣고, 그의 생명을 제외한 모든 소유를 치도록 허락하신다. 욥은 순식간에 자녀와 재산을 잃었음에도 하나님을 경배하기를 멈추지 않는다. 사탄은 욥이 육체적인 고통을 당한다면 하나님을 욕할 것이라며 온몸에 악창이 나게 한다. 욥의 아내는 그에게 하나님을 욕하고 죽을 것을 요구하지만, 욥은 끝까지 하나님을 원망하지 않는다.

욥기 1장 21절을 적어보세요.

2) 욥기 3:1-42:6 | 고난에 대한 논쟁

NOTE

(1) 욥의 독백(3장)

앞서 욥은 자신에게 임한 고난을 그대로 받아들이는 모습이었지만, 3장부터는 그의 탄식이 시작된다. 욥은 자신이 태어난 날을 저주하면서 차라리 태어나지 않았으면 더 좋았을 것이라며 죽기를 갈망한다. 그는 고통을 감당하지 못하는 연약한 자기 모습을 하나님 앞에 있는 그대로 다 드러낸다.

욥기 3장 11절을 적어보세요.

(2) 욥과 세 친구의 논쟁(4-27장)

엘리바스는 고난의 원인을 욥의 죄에서 찾고, 빌닷 역시 자녀의 죽음을 비롯한 욥의 고난이 그의 죄에 대한 공의로운 하나님의 심판에 대한 결과임을 강조한다. 소발은 욥이 당한 형벌이 그의 죄에 비하면 가벼울 정도라고 말하면서, 자신의 무죄함을 주장하는 욥을 교만하다고 비난하며 회개를 촉구한다. 이에 욥은 인과응보의 교리에 따라 자신을 정죄하는 친구들에게 항변하며 자신의 의로움을 주장한다.

욥기 4장 7-8절을 적어보세요.

NOTE

(3) 욥의 지혜 찬양과 탄식(28-31장)

욥은 참된 지혜의 길은 오직 하나님만이 아신다고 노래하며 인간이 고난의 이유를 온전히 이해할 수 없음을 지적한다. 이어 하나님의 은혜로 과거에 많은 복을 누렸지만, 이제는 하나님이 환난을 주셨음을 탄식한다. 그는 마지막으로 하나님 앞에 자신의 결백함에 대한 증거를 제시한다.

욥기 28장 28절을 적어보세요.

(4) 엘리후의 연설(32-37장)

욥과 세 친구의 논쟁을 듣고 있던 엘리후는 욥의 변론에 반박한다. 그는 고난의 원인에 대해 욥이 깨달을 수 없어도 사람보다 크신 하나님의 의로운 행동이며, 고난은 사람들에게 죄를 깨닫고 회개하며 멸망에 이르지 않게 하시기 위해 주시는 교훈이라고 주장한다.

욥기 36장 8-10절을 적어보세요.

(5) 하나님의 현현(38:1-42:6)

욥에게 나타나신 하나님은 일련의 질문을 통해 인간의 무지함을 깨닫게 하시며, 모든 피조물은 하나님의 소유이자 주권 아래 있음을 말씀하신다. 이에 욥은 그동안 하나님 앞에 탄식하며 보였던 자신의 교만함을 회개하고, 무지한 인간이 하나님의 뜻을 온전히 헤아릴 수 없음을 고백한다.

NOTE

욥기 42장 5-6절을 적어보세요.

3) 욥기 42:7-17 | 욥의 회복

하나님은 인간이 겪는 모든 고난을 인과응보의 논리 하나로 설명하려는 욥의 세 친구의 진술이 정당하지 못하다고 책망하신다. 욥은 세 친구를 용서하고 그들을 위해 중보기도를 한다. 하나님은 욥을 회복시키고 이전보다 갑절의 복을 주신다. 이러한 욥의 회복은 고난 중에도 인내하며 하나님을 끝까지 신뢰하는 자는 결국 하나님의 복을 받는다는 것을 보여준다.

욥기 42장 10절을 적어보세요.

6. 절대 긍정, 절대 감사 Point

1) 하나님의 주권을 인정하는 삶

욥기는 고난이 인간이 이해할 수 없는 하나님의 신비임을 강조한다. 하나님은 인간의 지혜를 뛰어넘으시므로 우리는 자신의 무지함과 연약함을 깨닫고, 하나님의 절대 주권을 인정하며 어떤 상황에서도 감사하는 마음으로 그분의 섭리에 순종해야 한다.

NOTE

하나님의 주권을 인정하기 위해 우리가 실천해야 할 구체적인 행동은 무엇인지 적어보세요.

2) 고난 중에도 인내하는 삶

고난은 우리를 단련시키는 과정이며, 하나님에 대해 더 깊이 알고 그분과 가까워질 수 있는 기회이다. 하나님은 고난 속에서도 인내하며 끝까지 믿음을 지키는 자를 구원하시고 복을 주신다. 그러므로 우리는 절대 긍정의 믿음으로 고난 중에도 인내하며 믿음을 지켜야 한다.

고난 중에도 절대 긍정과 절대 감사를 잃지 않기 위해 어떤 노력이 필요한지를 적어보세요.

7. 과제

1) 하루에 욥기를 6장씩 읽으며 하나님의 말씀에 순종하기를 다짐해 보세요.

2) 욥기 강의를 통해 받은 감동과 깨달음을 적어보세요.

8. 장별 핵심 내용

NOTE

1-2장 욥의 고난

1장 욥에 대한 소개, 하나님과 사탄 사이의 첫 번째 대화, 욥에게 닥친 첫 번째 고난

2장 하나님과 사탄 사이의 두 번째 대화, 욥에게 닥친 두 번째 고난

3-31장 욥의 독백과 친구들과의 논쟁

3장 욥의 독백

4-7장 엘리바스와 욥의 논쟁(1)

8-10장 빌닷과 욥의 논쟁(1)

11-14장 소발과 욥의 논쟁(1)

15-17장 엘리바스와 욥의 논쟁(2)

18-19장 빌닷과 욥의 논쟁(2)

20-21장 소발과 욥의 논쟁(2)

22-24장 엘리바스와 욥의 논쟁(3)

25-27장 빌닷과 욥의 논쟁(3)

28장 지혜에 대한 노래

29-31장 욥의 독백, 마지막 탄원

32-37장 엘리후의 연설들

32-33장 엘리후의 첫 번째 연설

34장 엘리후의 두 번째 연설

35장 엘리후의 세 번째 연설

36-37장 엘리후의 마지막 연설

38:1-42:6 하나님의 현현

38-39장 하나님의 첫 번째 말씀

40-41장 하나님의 말씀에 대한 욥의 첫 번째 대답과 하나님의 두 번째 말씀

42:1-6 하나님의 말씀에 대한 욥의 두 번째 대답

42:7-17 욥의 회복

42:7-9 친구들을 향한 하나님의 책망, 친구들을 위한 중보기도와 제사

42:10-17 욥의 회복과 축복

시편 *Psalms*

"시온에서 하나님의 임재를 누리며 야훼를 찬양하라"

NOTE

1. 들어가며

히브리어로 "테힐림"에서 유래된 시편은 "찬송"을 의미하며, 헬라어로는 "프살모이"로 번역되어 "현악기의 반주에 맞춘 노래"를 뜻한다. 이 단어는 '찬미가'라고도 해석되며, 오늘날 시편의 영어 이름(Psalm)의 기원이 되었다. 시편은 시 형식으로 구성된 악보 없는 찬송가나 기도라 할 수 있다.

2. 한눈에 보기

시편은 과거와 현재와 미래에 역사하시는 하나님의 위대하심과 인간의 연약함을 보여준다. 대부분 인간이 감사, 찬미, 탄식, 기쁨, 고통, 신뢰, 경외 등 다양한 감정을 가지고 하나님께 신앙을 고백하는 형식으로 구성되어 있다. 특히, 예수 그리스도의 초림을 예언하며 그의 재림을 통해 소망을 갖게 한다.

3. 중심 메시지

1) 하나님을 향한 간구: 시인은 환난 가운데서 잘못을 깨닫고 깊이 뉘

NOTE

우침으로써 다시금 하나님과의 교제가 회복되기를 간구한다. 특히 악인 앞에서의 침묵, 인생의 허무함, 용서와 회복, 공동체의 도덕과 윤리가 무너질 때 이를 통탄하며 간청한다.

2) 찬양 간증: 하나님은 온 우주 만물을 통해 자신의 영광을 나타내신다. 시인은 만물을 다스리시고 이끌어가시는 하나님의 섭리를 찬양하며 신실하신 하나님께 감사와 찬양을 돌린다.

3) 위기 중의 신뢰: 하나님은 환난을 통과하는 하나님의 백성을 외면하지 않으신다. 우리가 위기 속에도 약속의 말씀을 붙들고 나아갈 수 있는 것은 전능자의 날개 아래 거한다는 확신에서 나오는 것이다.

4) 구원해 주신 하나님께 감사: 시인은 과거에 당했던 고통과 절망, 아픔을 떠올리며, 그 모든 어려움에서 건져내신 하나님께 감사와 찬양을 드린다.

5) 하나님의 길로 걸어가라는 가르침: 행복과 불행은 하나님의 말씀에 순종하느냐에 달려있다. 말씀을 벗어난 인간의 수고는 헛된 것이다. 시인은 야훼를 경외하며 율법을 즐거워하는 자는 이 세상의 부와 명성을 얻게 될 것이라고 가르친다.

6) 시편에는 구약성서의 핵심 개념이 모두 나타난다.

미쉬파트	쩨다카	야사	샬롬	베라카
심판	공의	구원	평화	축복

NOTE

4. 구조

1) 모세오경과 상응하는 시편으로 분류

구분	범위	주요 내용
창세기와 시편	1-41(1권)	사랑과 창조
출애굽기와 시편	42-72(2권)	해방과 구속
레위기와 시편	73-89(3권)	성소와 예배
민수기와 시편	90-106(4권)	방랑과 고난
신명기와 시편	107-150(5권)	율법과 찬양

2) 유형별 분류

구분		범위
찬양시		8, 19:1-6, 33, 66, 68, 100, 103-104, 108, 111, 113-114, 117, 134-136, 145-150
탄원시	개인	3-5, 7, 9, 10, 13-14, 17, 22, 25-28, 31, 35-36, 39, 41-43, 52-57, 59, 61, 64, 69-71, 77, 86, 88, 109, 120, 139-142
	공동체	12, 44, 58, 60, 74, 79-80, 83, 85, 90, 94, 123, 126, 129, 137
회개시(참회시)		6, 32, 38, 51, 102, 130, 143
감사시	개인	18, 30, 34, 40, 66, 92, 116, 118, 138
	공동체	66, 67, 75, 107, 115, 124
제왕시		2, 20-21, 45, 72, 89, 101, 110, 132, 144
시온시		46, 48, 76, 84, 87, 122
대관식시		29, 47, 93, 95-99
신뢰시		11, 16, 23, 62-63, 91, 121, 125, 131
지혜시		37, 49, 73, 112, 127-128, 133
토라시(말씀시,율법시)		1, 19:7-14, 119
구속사시(역사시)		78, 105, 106
예배시		82
언약 갱신시		50, 81
성전 입장시		15, 24

5. 내용 분석

NOTE

1) 모세오경과 상응하는 시편으로 분류

(1) 제1권 1-41편(창세기와 시편)

① 인간의 출발(1편)

가. 창세기가 성경에서 서론과 같은 역할을 한다면, 시편 1편은 시편 전체의 서론과 같다.

나. 창세기 1장에서 인간의 시작을 복과 연관 지어 이야기하듯이 시편 1편도 "복 있는 사람"이라는 말로 시작한다. 창세기에서 죄로 인해 인간이 타락하게 되는 모습을 보여주는 것처럼, 시편 또한 죄로 물든 인간을 "악인" 또는 "죄인"으로 묘사한다. 창세기가 예수님의 죽음과 부활을 암시하듯이 시편도 예수 그리스도의 죽음과 부활을 예언적으로 나타낸다.

시편 1편 1절을 적어보세요.

(2) 제2권 42-72편(출애굽기와 시편)

① 구속의 사건(42, 50, 61편)

출애굽기가 이스라엘 백성의 겪는 고난과 구속자(모세)와 구속(유월절)을 가르치고 있듯이 제2권도 인간의 수난과 구속자와 구속을 노래한다(42:2, 50:15, 61:5).

NOTE

시편 41편 11절을 적어보세요.

(3) 제3권 73–89편(레위기와 시편)

① 성막에서의 만남(73편)

가. 레위기는 총 27장 858절로 구성되어 있으며, 그 내용은 모두 야훼가 성막에서 모세에게 직접하신 말씀이다(레 1:1). 제3권도 역시 악인의 형통함을 보고 실족할 뻔했던 아삽이 하나님의 성막에 들어가서야 비로소 그 해답을 발견한다(73:16-17).

나. 레위기는 야훼 하나님을 섬기고 예배하는 방법을 제시하는 예배(제사)의 책이다. 이와 상응하게 시편은 하나님의 백성이 하나님을 예배할 때 어떠한 마음으로 예배해야 하는지를 보여준다.

시편 73편 17절을 적어보세요.

(4) 제4권 90–106편(민수기와 시편)

① 방황의 시간(90, 93-99편)

민수기는 이스라엘 백성이 광야에서 하나님께 불순종하여 심판을 당했던 사건들을 기록한다. 마찬가지로 제4권에서는 세상의 왕이자 심판자이신 하나님을 묘사한다(90:5, 7). 시편 93편부터 99편은 "야훼가 통치하시니"라는 찬양으로 심판자이신 하나님의 모습을 강조한다.

NOTE

시편 90편 5절을 적어보세요.

(5) 제5권 107–150편(신명기와 시편)

① 말씀의 회복(107, 119, 150편)

가. 신명기의 주제가 하나님의 말씀이듯이 제5권의 주제도 하나님의 말씀, 율법의 중요성을 강조한다(107:20, 119:99, 105, 133, 150:6).

나. 신명기 28장 58절 이후부터 저주의 마지막 단락이 시작되듯이, 시편도 저주의 시들(35, 52, 58, 69, 83, 109, 137, 140)이 포함되어 있다. 이러한 시들은 하나님을 부인하는 자들에게 벌을 내림으로 하나님의 의로우심을 찬양하게 해달라는 간구를 담고 있다. 특히 이러한 기도의 절정은 139:21–23에서 나타난다.

시편 107편 20절을 적어보세요.

NOTE

2) 유형별 분류

(1) 찬양시

① 창조주 하나님께 영광(8편)

창조주 하나님의 위대함과 영광을 찬양하며, 광대한 우주 속에서도 인간을 돌보시는 하나님의 사랑을 노래한다. 인간이 작은 존재임에도 하나님이 그들에게 존귀와 권위를 부여하셨음을 선포한다.

② 야훼를 송축하라(103편)

하나님의 자비와 은혜를 찬양하며, 죄를 용서하시고 사랑으로 우리를 돌보시는 하나님의 인자하심을 노래한다.

③ 야훼를 찬양하라(146-150편)

할렐루야로 시작하여 할렐루야로 끝난다. 이 시들은 시편 전체를 총괄하여 마감하는 송영집의 역할로 창조자, 구원자, 역사의 주관자이신 하나님을 찬양한다.

시편 8편 1절을 적어보세요.

(2) 탄원시

① 탄원시(개인) - 고난과 승리(22편)

십자가 위에서 고난당하신 예수님과 부활의 승리를 예표로 보여주는 대표적인 시이다. 히브리서 기자는 22절을 명백한 메시아 예언으로 인용한다(히 2:12).

NOTE

② 탄원시(공동체) - 이스라엘의 부르짖음(44편)

국가적 위기에 빠진 이스라엘 백성이 하나님께 간청하는 탄원시다.

시편 22편 11절을 적어보세요.

(3) 회개시

① 나를 도우소서(38편)

다윗은 자기 잘못을 깊이 뉘우치고 다시금 하나님과의 교제가 회복되기를 간구한다.

시편 38편 21-22절을 적어보세요.

(4) 감사시

① 야훼의 구속하심과 섭리를 찬양(107편)

이스라엘 백성들이 자신의 역사를 돌아보며 이방 민족의 포로로부터 구원하신 하나님의 인자하심을 회고하며 감사하는 노래이다.

② 기도에 응답하시는 하나님(116편)

시인은 사경을 헤매다가 나음을 받고 그 은혜에 감사와 찬양을 드린다.

NOTE

시편 107편 1절을 적어보세요.

(5) 제왕시

① 그리스도에 대한 예언(110편)

신약에서 자주 인용된 메시아에 대한 예언을 담고 있다. 메시아가 왕이 되시고 제사장이 되시며 승리자가 되실 것을 예언한다.

시편 110편 4절을 적어보세요.

(6) 시온시

① 하나님의 성, 거룩한 산 시온(48편)

하나님의 통치의 중심지인 거룩한 성 시온에 관한 노래이다. 시온이 아름답고 견고한 것은 그곳에 하나님의 임재가 있기 때문이다.

시편 48편 1절을 적어보세요.

NOTE

(7) 대관식시

① 온 땅에 큰 왕 되신 하나님(47편)

하나님을 온 땅의 왕으로 찬양하며, 하나님의 통치와 권능을 선포한다. 모든 민족이 하나님을 경배하도록 부르며, 하나님의 승리와 영광을 노래한다.

시편 47편 2절을 적어보세요.

(8) 신뢰시

① 도피 vs 믿음(11편)

다윗이 사울을 피해 도망치라고 하는 사람의 충고를 듣지 않고 하나님만 의지할 수 있었던 것은 하나님이 악인을 멸하시고 의인을 돕는 분이심을 믿었기 때문이다.

시편 11편 1절을 적어보세요.

(9) 지혜시

① 야훼를 경외하는 자의 행복(112편)

야훼를 경외하며 그 계명을 즐거워하는 자는 이 세상의 부와 명성을

NOTE

얻게 될 것을 가르친다.

시편 112편 1절을 적어보세요.

(10) 토라시

① 참된 행복의 길(1편)

의인의 길과 악인의 길을 대조하며, 행복과 불행의 갈림길의 열쇠가 율법에 있다는 것을 가르친다.

시편 1편 6절을 적어보세요.

(11) 구속사시

① 이스라엘을 구원하신 하나님(105편)

창세기 12장에서 시작된 하나님의 약속이 여호수아 때에 성취되기까지의 역사를 그린 서사시이다.

시편 105편 4절을 적어보세요.

NOTE

(12) 예배시

① 불의의 재판관에 대한 하나님의 심판(82편)

불의를 공의로 심판하시는 하나님의 예언적 말씀을 선포한다. 시인은 하나님을 모든 만물을 다스리는 가장 높은 재판장으로 묘사한다.

시편 82편 4절을 적어보세요.

....

....

(13) 성전입장시

① 영광의 왕(24편)

다윗이 오벧에돔의 집에서 예루살렘으로 법궤를 옮겨올 때의 기쁨과 영광을 노래한다(삼하 6:12-19).

시편 24편 4절을 적어보세요.

....

....

(14) 언약갱신시

① 축제의 시(81편)

출애굽과 광야 시절을 회상하며 구원을 주신 하나님을 찬양한다. 순종을 통해 얻는 회복을 상기시키고 회개와 회복을 촉구한다.

NOTE

시편 81편 16절을 적어보세요.

6. 절대 긍정, 절대 감사 Point

1) 하나님 앞에 선 인간의 삶

시편에서 알 수 있듯이, 우리는 감사와 기쁨, 탄식과 고통, 신뢰와 경외 등 인간의 모든 감정을 가지고 우리의 신앙을 진솔하게 고백해야 한다. 어떠한 상황 속에서도 하나님을 기쁘시게 하는 믿음의 자세는 바로 하나님을 신뢰하며 절대 감사의 마음을 품는 것이다.

고난 중에도 하나님께 감사하려면 무엇을 해야 할지 적어보세요.

2) 축복의 길로 가는 삶

복 있는 사람은 악인들의 꾀를 따르지 않고, 죄인들의 길에 서지 않으며, 오만한 자들의 자리에 앉지 않는다. 오직 야훼의 율법을 즐거워하며 그의 율법을 밤낮으로 묵상한다. 이런 사람은 모든 일에 다 형통하게 된다(시편 1편). 날마다 말씀을 가까이하며 절대 긍정의 믿음으로 살아갈 때 축복의 길로 갈 수 있다.

NOTE

하나님의 말씀을 가까이하기 위해 어떤 노력이 필요한지를 적어보세요.

7. 과제

1) 하루에 시편을 22장씩 읽으며 하나님의 말씀에 순종하기를 다짐해 보세요.

2) 시편 강의를 통해 받은 감동과 깨달음을 적어보세요.

NOTE

8. 장별 핵심 내용

대분류	소분류
1권(시 1-41편) [총 41편]	율법에 대한 찬양(토라시): 시 1편
	제왕시: 시 2편
	다윗의 시: 시 3-41편
2권(시 42-72편) [총 31편]	고라의 시: 시 42-49편
	아삽의 시: 시 50편
	다윗의 시: 시 51-71편
	제왕시: 시 72편
3권(시 73-89편) [총 17편]	아삽의 시: 시 73-83편
	고라의 시: 시 84-88편(다윗의 시: 86편)
	제왕시: 시 89편
4권(시 90-106편) [총 17편]	신뢰시: 시 90-92편
	대관식시: 시 93-99편
	찬양시: 시 100편
	제왕시: 시 101편
	참회시: 시 102편
	찬양시: 시 103-106편
5권(시 107-119편) [총 13편]	감사시: 시 107편
	다윗의 시: 시 108-109편
	제왕시: 시 110편
	찬양시: 시 111-118편
	율법에 대한 찬양(토라시): 시 119편
5권(시 120-150편) [총 31편]	순례시: 시 120-134편
	역사시: 시 135-137편
	다윗의 시: 시 138-145편
	찬양시(종결 찬양): 시 146-150편

NOTE

잠언 *Proverbs*

"범사에 하나님을 인정하고 경외하는 삶"

NOTE

1. 들어가며

잠언 대부분은 솔로몬에 의해 기록되었으며, 그 목적은 지혜를 가르치고 훈계하는 데 있다. 개인, 가정, 사회, 국가, 신앙 등 삶의 모든 영역에서 올바른 생활 원리와 행동 지침을 제시한다. 고대 근동의 다른 지혜서들과 달리 잠언은 참된 지혜가 야훼 하나님을 경외할 때 얻어진다고 강조하며, 하나님 앞에서 바르게 살아갈 것을 가르친다.

2. 한눈에 보기

잠언은 이스라엘 백성에게 주어진 하나님의 율법이 삶의 다양한 문제 속에서 어떻게 실천되어야 하는지를 구체적으로 설명한다. 지혜와 어리석음, 의인과 악인, 교만과 겸손, 게으름과 근면, 말의 힘, 부와 가난, 인간관계, 부모와 자녀, 분노와 갈등, 삶과 죽음 등에 대한 가르침이 들어있다. 이러한 모든 교훈의 바탕에는 지혜의 근본이 하나님을 경외하는 것이라는 사실이 자리 잡고 있다.

3. 중심 메시지

NOTE

1) 하나님 경외: 하나님을 경외하는 마음이 진정한 지혜를 얻는 기초가 되며, 도덕적으로나 윤리적으로 올바르게 살아가기 위한 첫걸음이다. 참된 지혜가 하나님께 있음을 인정하고 그분의 말씀에 순종하며 살아가는 것이 지혜로운 삶의 핵심이다.

2) 의로운 생활: 잠언은 우리에게 윤리적으로 책임 있는 삶을 살 것을 가르친다. 순결, 구제, 절제, 바른말, 자족, 덕을 세움, 약자를 돌봄, 충성됨, 정직 등 하나님과의 관계 및 이웃과의 관계에 있어 도덕적이며 정의로운 생활을 추구해야 한다.

3) 보응의 원리: 인간의 행동에는 그에 합당한 결과가 따른다. 하나님은 정직하고 의로운 사람을 축복하시며, 그의 길을 인도하신다. 반면, 악인은 잠시 성공할 수 있어도 결국 하나님의 공정한 심판을 받게 된다. 악한 행동과 죄악은 결국 실패와 파멸을 초래한다. 이러한 보응의 원리는 우리가 의로운 삶을 살아가야 할 근거가 된다.

4. 구조

구분	범위	주요 내용
솔로몬의 첫째 잠언	1-9장	잠언의 목적, 지식과 지혜의 근본, 삶에 대한 교훈, 지혜의 가치, 지혜와 어리석음
솔로몬의 둘째 잠언	10:1-22:16	선악의 대조, 생활에 관한 교훈
지혜자의 교훈	22:17-24:34	지혜 있는 자의 말씀, 절제된 삶, 지혜의 유익, 악인의 멸망과 의인의 형통
솔로몬의 셋째 잠언	25-29장	대인관계, 생활의 처신에 관한 잠언
작은 묶음들	30-31장	아굴의 잠언, 르무엘이 받은 훈계, 현숙한 여인

NOTE

5. 내용 분석

1) 잠언 1-9장 | 솔로몬의 첫째 잠언

(1) 잠언의 목적과 주제(1:1–1:7)

잠언은 지혜와 훈계를 알게 하고 명철의 말씀을 깨닫게 하며, 지혜롭게, 공의롭게, 정의롭게, 정직하게 행하게 하려는 목적으로 쓰였다. 야훼를 경외하는 것은 지식과 지혜의 근본이며, 이는 곧 하나님의 절대 주권을 인정하고 그의 말씀에 철저하게 순종하는 것이다.

잠언 1장 7절을 적어보세요.

(2) 삶에 대한 교훈들(1:8–7:27)

나쁜 무리와 어울리거나 폭력으로 부를 얻는 것은 죽음과 멸망으로 이끄는 악한 행위이다. 지혜를 추구하는 자는 평안을 얻고, 간사한 자의 계교에 빠지지 않는다. 지혜의 말씀에 순종하면 복을 받지만, 미련한 자는 저주를 받는다. 지혜로운 자는 마음을 지키기 위해 말과 행동에 주의해야 한다. 보증 서기, 게으름, 불량한 자와의 교제, 음행을 경계해야 하며, 악을 행하는 자는 재앙을 피할 수 없다.

잠언 3장 5-6절을 적어보세요.

NOTE

(3) 지혜의 가치(8–9장)

지혜는 최고의 선이며 참 진리이자 완전한 의로서 인간을 유익하게 하고 생명으로 이르게 한다. 그러므로 지혜를 얻는 삶은 물질적인 부나 성공보다 높은 가치를 지닌다. 지혜의 초대에 응한 자는 풍성한 생명을 얻지만, 어리석음의 초대에 응한 자는 스올로 가게 된다.

잠언 8장 11절을 적어보세요.

2) 잠언 10:1-22:16 | 솔로몬의 둘째 잠언

(1) 의인과 악인의 대조(10–15장)

의인은 야훼를 경외하고 계명을 지켜 복을 받지만, 악인은 말씀에 불순종하여 결국 멸망한다. 구제에 힘쓰는 의인은 하나님의 은혜로 풍족해지지만, 폭리를 취하고 재물을 의지하는 악인은 망하게 된다. 의인은 부지런히 일해 부유하고 권위를 얻지만, 악인은 게으름으로 인해 가난해진다. 지혜로운 자녀는 부모의 훈계를 기쁘게 듣고, 부모는 자녀를 바르게 교육하기 위해 징계를 아끼지 않아야 한다.

잠언 10장 9절을 적어보세요.

(2) 생활에 관한 교훈(16:1–22:16)

하나님은 주권적인 섭리에 따라 우주 만물을 창조하셨으므로 우리의

NOTE

모든 일을 그분께 맡겨야 한다. 서로 허물을 용서하고 화목하며 분노를 제어하고 노하기를 더디 해야 한다. 또한, 절제와 성실을 추구하며, 하나님과 사람 앞에서 공정하고 진실하게 행해야 한다. 하나님은 사람의 생각과 동기를 감찰하신다. 지혜의 핵심은 겸손과 하나님을 경외하는 삶이며 그에 따른 보상은 재물과 영광, 생명이다.

잠언 16장 9절을 적어보세요.

3) 잠언 22:17-24:34 | 지혜자의 교훈

(1) 지혜로운 삶의 원칙(22:17-23:35)

지혜로운 자는 말씀에 귀를 기울이며 이를 마음에 새기고 전해야 한다. 이웃을 억압하거나 남의 소유를 침해하지 말아야 한다. 탐욕과 육신의 쾌락을 버리고 절제된 삶을 살아야 한다. 자녀는 부모를 청종하며 부모는 자녀를 올바르게 훈계하여 교육해야 한다. 술과 음행은 결국 멸망에 이르게 하므로 이를 멀리해야 한다.

잠언 22장 17-18절을 적어보세요.

(2) 악인의 멸망과 의인의 형통 및 부록(24장)

악한 자는 남의 것을 탐내어 부정한 방법으로 그것을 차지하려 한다. 악인의 형통함은 잠깐이며, 결국 심판을 받아 멸망하게 된다. 반면, 의인은 하나님의 인도하심으로 인해 그의 삶이 형통하다. 재판장은 정의와 정직을 추구해야 하며, 가정을 세우려면 먼저 열심히 일해서 경제적 기반을 마련해야 한다. 게으른 자는 결국 가난하게 된다.

NOTE

잠언 24장 16절을 적어보세요.

4) 잠언 25-29장 | 솔로몬의 셋째 잠언

(1) 대인관계에 관한 잠언(25-26장)

왕은 왕위를 견고히 하기 위해 악한 자를 제거하고, 신하는 왕 앞에서 겸손해야 한다. 이웃과 사이좋게 지내며, 원수에게 선을 베풀어야 한다. 하나님을 배척하고 불순종하는 자들은 저주를 받는다. 가장 미련한 자는 스스로 지혜롭다고 여기는 교만한 자다. 게으른 자는 변명과 핑계를 대며 쾌락에 빠져 자기의 참모습을 깨닫지 못한다. 험담과 거짓말은 다툼을 일으키고 관계를 해친다.

잠언 25장 28절을 적어보세요.

(2) 생활의 처신에 관한 잠언(27-29장)

인간은 재물을 의지하지 말고, 겸손하게 하나님의 은혜를 구해야 한다. 부귀는 언젠가 사라지므로 항상 힘써 일해야 한다. 경제적 불의를 해결해야 나라가 견고히 선다. 자녀를 올바르게 양육하기 위해 징계를

NOTE

아끼지 말아야 한다. 의인은 하나님을 의지하고 율법을 지켜 은혜를 받지만, 악인은 위선과 탐욕으로 멸망에 이른다. 견고한 사람은 하나님을 경외하고 그분의 능력에 의지한다.

잠언 28장 14절을 적어보세요.

5) 잠언 30-31장 | 작은 묶음들

(1) 아굴의 잠언(30장)

아굴은 하나님께 대한 인간의 무지를 고백하며, 하나님 말씀만 의지해야 한다고 교훈한다. 그는 가난과 부함 사이에서 균형을 유지할 수 있기를 기도하며, 세상에 만연한 악행(훼방, 불효, 교만, 탐욕 등)을 언급힌다. 또한, 욕망을 적절히 제어하지 못하면 불의와 타락에 빠진다고 경고한다. 아굴은 음행과 무능한 지도자를 비판하고 지혜와 겸손의 중요성을 강조한다.

잠언 30장 8절을 적어보세요.

(2) 르무엘의 잠언(31장)

르무엘의 잠언은 그의 어머니로부터 전수된 것으로, 왕으로서 여자와 술을 멀리하고 공의로 재판하여 정의를 실현할 것을 훈계받는다. 현숙한 아내는 지혜, 근면, 배려, 정직, 자비 등의 미덕을 갖추어 가정과 사회에서 인정받는다. 외적인 아름다움은 헛되나 하나님을 경외하는 여인은 모든 이들에게 칭송받는다.

NOTE

잠언 31장 30절을 적어보세요.

6. 절대 긍정, 절대 감사 Point

1) 하나님 제일주의로 살아가는 삶

잠언은 하나님을 경외하는 것의 중요성을 강조한다. 사람 중심의 인본주의가 아닌 하나님 중심의 신본주의로 살아갈 때 참된 행복과 만족을 소유할 수 있다. 그러므로 우리는 범사에 하나님을 인정하며 절대 긍정의 믿음으로 순종해야 한다.

하나님 제일주의로 살아가기 위해 실천해야 할 구체적인 행동이 무엇인지 적어보세요.

2) 지혜를 간구하는 삶

잠언은 다른 무엇보다 지혜를 얻을 것을 강조한다. 이 세상 살아가는 동안 끊임없이 갈등과 문제를 만날지라도 우리는 절대 긍정과 절대 감사의 자세를 잃지 말아야 한다. 지혜의 근본이신 하나님께 지혜를 구하고 얻음으로써 하나님의 자녀로서 이웃과 세상을 이롭게 해야 한다.

NOTE

하나님께 지혜를 구하는 기도문을 적어보세요.

7. 과제

1) 하루에 잠언을 5장씩 읽으며 하나님의 말씀에 순종하기를 다짐해 보세요.

2) 잠언 강의를 통해 받은 감동과 깨달음을 적어보세요.

8. 장별 핵심 내용

NOTE

1-9장 솔로몬의 첫째 잠언

1:1-7 잠언의 목적과 지혜의 근본

1:8-7:27 삶의 경험에서 얻은 교훈

8장 지혜의 가치와 우월성

9장 지혜와 어리석음

10:1-22:16 솔로몬의 둘째 잠언

10-15장 의인과 악인의 대조

16:1-22:16 생활에 관한 교훈

22:17-24:34 지혜자의 교훈

22:17-23:35 지혜로운 삶의 원칙

24장 악인의 멸망과 의인의 형통 및 부록

25-29장 솔로몬의 셋째 잠언

25-26장 대인관계에 관한 잠언

27-29장 생활의 처신에 관한 잠언

30-31장 아굴과 르무엘의 잠언

30장 아굴의 잠언

31장 르무엘의 잠언

전도서 *Ecclesiastes*

"창조주를 기억하고, 죽음을 생각하며, 오늘을 즐겁게!"

NOTE

1. 들어가며

전도서의 저자는 솔로몬이라고 여겨진다. 전도서에는 '헛되다'라는 말이 38번, '해 아래'라는 표현이 28번이나 등장하는데, 이를 통해 세상에서 행해지는 인간의 모든 수고가 결국 헛되다는 사실을 강조한다. 그러나 전도자는 단순히 인생의 허무함을 말하는 데 그치지 않는다. 삶의 진정한 목적과 의미가 하나님을 경외하고 그의 명령을 지키는 것에 있음을 가르친다.

2. 한눈에 보기

전도자는 자기 경험과 관찰을 바탕으로 하나님 없이 사는 인생의 허무함을 거듭 강조하며 삶의 목적과 의미를 교훈한다. 세상만사는 하나님이 정하신 때가 있으며 그분의 주권 아래 있다. 그러므로 전도자는 창조주 하나님을 기억하고, 하나님이 주신 명령을 지키며 살아가는 삶이 참으로 의미 있고 행복한 삶이라고 결론을 내린다.

NOTE

3. 중심 메시지

1) 하나님을 경외하는 삶: 하나님 없이 행하는 인간의 모든 수고는 헛되며, 인간은 하나님이 하시는 일의 시종을 알 수 없다. 인간이 할 수 있는 일 그리고 마땅히 해야 할 본분은 하나님을 경외하는 것이다. 하나님을 경외하는 삶은 곧 참된 행복으로 이어진다.

2) 죽음을 인식하는 삶: 전도자는 모든 사람이 구별 없이 동일한 죽음에 이른다는 점을 강조한다. 그러므로 죽음 이후의 불확실한 것에서 눈을 돌려 죽음 이전의 현실을 바라봐야 한다. 죽음에 대한 인식은 주어진 오늘을 충실하게 살아갈 이유가 된다.

3) 기쁨으로 누리는 삶: 삶은 하나님이 주신 선물이다. 하나님은 인간이 수고하며 하나님이 주신 것들을 즐겁게 먹고 마시고 누리도록 창조하셨다. 특히 청년의 때에 창조주 하나님을 기억하고 그분의 말씀 안에서 허락하신 젊음을 기쁨으로 누려야 한다.

4. 구조

구분	범위	주요 내용
인간 만사의 헛됨	1-6장	인생의 허무함에 관한 성찰과 실례들, 하나님의 법칙, 사회적 부조리에 대한 한탄, 세상의 풍요와 허무
참된 지혜의 말씀	7:1-12:8	지혜자와 우매한 자, 악인들과 의인들, 하나님의 주권, 지혜로운 삶, 청년에게 주는 교훈
하나님 경외	12:9-14	성도의 본분

NOTE

5. 내용 분석

1) 전도서 1-6장 | 인간 만사의 헛됨

(1) 인생의 허무(1:1–11)

전도자는 책의 첫머리에서 세상의 모든 것이 헛되다고 선언한다. '헛되다'는 원어로 '사라져 버리는 숨, 바람 또는 허무함'을 뜻한다. 그는 자연의 순환, 세대의 반복, 끝없는 노동 속에서 인생의 허무함을 성찰하면서, 해 아래에서의 인생이 어떻게 반복적이고 덧없는지를 말한다.

전도서 1장 2절을 적어보세요.

(2) 인간 만사의 헛됨(1:12–6:12)

전도자는 인생의 의미를 찾기 위하여 추구한 모든 것이 헛됨을 고백한다. 지혜나 지식, 육체의 쾌락과 세상의 향락, 명예와 재물 등의 추구는 모두 헛되고 바람을 잡는 일이다. 인간은 누구도 인생을 자신의 의지대로 조종할 수 없으며 죽음이라는 같은 운명을 마주한다. 인간 만사는 하나님의 지배 아래 있다. 그러므로 이를 깨닫고 겸손하게 하나님의 주권적인 섭리에 순종해야 한다.

전도서 3장 11절을 적어보세요.

2) 전도서 7:1-12:8 | 참된 지혜의 말씀

NOTE

(1) 지혜의 말씀(7:1–11:6)

인간은 자기 의지와 상관없이 형통한 날과 곤고한 날을 경험한다. 하나님은 인간이 모든 행사를 측량할 수 없게 하셨다. 참된 지혜는 하나님을 경외하는 데 있다. 그러므로 인간이 해야 하는 것은 하나님을 경외하고 의지하며, 하나님이 주신 삶 속에서 수고하며 먹고 마시고 즐기는 일이다.

전도서 7장 14절을 적어보세요.

(2) 청년에게 주는 교훈(11:7–12:8)

인간은 미래를 예측할 수 없고 시간은 덧없이 흘러가며 죽음을 피할 수 없다. 그러므로 이 땅에서 사는 동안, 특히 청년의 때에 하나님의 명령에 따라 인생을 즐겁게 살아야 한다. 그러나 언젠가 하나님의 심판 앞에서 자기 행동에 대한 책임을 져야 한다는 것을 반드시 기억해야 한다.

전도서 11장 9절을 적어보세요.

NOTE

3) 전도서 12:9-14 | 하나님 경외

전도자는 자기 인생의 경험과 연구를 통해 하나님 없는 세상의 삶 즉, '해 아래'의 모든 삶이 헛된 것임을 다시 한번 명백하게 밝히고, 자신의 이러한 가르침이 진리라는 것을 강조한다. 이어 하나님을 경외하고 그의 계명을 지키는 것이 인간의 본분이며 인생의 모든 행위와 일은 하나님의 심판을 받게 될 것이라고 결론을 내린다.

전도서 12장 13절을 적어보세요.

6. 절대 긍정, 절대 감사 Point

1) 인생의 참 의미와 목적

전도서는 하나님 없는 인간의 노력과 성취는 허무한 것이므로 신앙을 통해 인생의 의미를 찾을 것을 권고한다. 인생의 참 의미와 목적은 하나님과의 관계 속에서 발견할 수 있다. 따라서 하나님을 경외하고 현재 주어진 삶에 감사하며 하나님의 뜻대로 살아갈 때 진정한 만족과 행복을 얻는다.

나는 어디에서 인생의 의미와 목적을 찾고 있나요? 하나님을 경외하는 삶을 살아가기 위해 어떤 노력이 필요한지를 적어보세요.

2) 삶이라는 하나님의 선물

인간은 하나님이 하시는 일을 헤아릴 수 없으며 언젠가 죽음을 맞이

하는 유한한 존재다. 그러므로 인간은 하나님이 선물로 주신 삶을 절대 긍정의 마음으로 기쁘고 즐겁게 누리며 감사함으로 살아가야 한다.

NOTE

하나님이 주신 것들을 올바르게 누리려면 어떻게 해야 할지 적어보세요.

7. 과제

1) 하루에 전도서를 2장씩 읽으며 하나님의 말씀에 순종하기를 다짐해 보세요.

2) 전도서 강의를 통해 받은 감동과 깨달음을 적어보세요.

NOTE

8. 장별 핵심 내용

1-6장 인간 만사의 헛됨 고백

1장 인생의 허무함

2장 쾌락, 수고, 기쁨의 헛됨

3장 모든 것에는 때가 있음

4장 학대받는 자, 허무한 수고, 친구의 가치, 출세와 권력의 헛됨

5장 인간적 예배와 불의에 대한 경고, 재물의 헛됨

6장 번영과 수고의 헛됨, 인간의 한계

7-12장 인생에 대한 교훈들

7장 참된 지혜와 중용

8장 세상에 있는 불의와 하나님의 섭리

9장 삶에 대한 자세와 지혜의 능력

10장 지혜자와 우매자의 비교

11장 알 수 없는 미래와 청년에게 주는 교훈

12장 인간의 본분

NOTE

아가 *Song of Songs*

"고귀하고 아름다운 사랑으로의 초대"

NOTE

1. 들어가며

솔로몬이 기록한 아가는 우리말로 '아름다운 노래'라는 뜻이다. 히브리어 제목은 '노래 중의 노래'이며, 이는 솔로몬이 지은 노래 중 가장 아름다운 노래임을 의미한다. 아가는 솔로몬과 술람미 여인의 사랑 이야기를 통해 남녀 간의 사랑과 결혼의 아름다움을 교훈하며 나아가 하나님과 그의 백성 간의 사랑, 그리고 예수 그리스도와 교회와의 관계를 상징적으로 보여준다.

2. 한눈에 보기

아가는 솔로몬과 술람미 여인의 사랑을 중심으로 전개되며, 시련과 역경을 극복한 후 그 사랑이 더욱 깊어지는 과정을 보여준다. 이야기의 대부분이 사랑하는 자와 사랑받는 자 사이의 대화로 이루어져 있으며, 주변 인물들의 노래도 등장해 분위기를 풍성하게 만든다. 두 연인은 서로를 향한 찬미와 사랑의 감정을 다양한 상징과 비유를 통해 섬세하게 표현한다.

3. 중심 메시지

NOTE

1) 사랑의 아름다움: 남녀 간의 사랑과 결혼은 거룩하고 신성한 것으로, 하나님의 창조 질서이자 인간에게 주신 소중한 선물이다. 특히, 하나님이 제정하신 성(性)적 사랑은 가정 안에서 '한 남자와 한 여자'의 관계에서만 이뤄져야 한다.

2) 성장하는 사랑: 솔로몬과 술람미 여인의 사랑처럼 사랑은 늘 순탄치 않고 굴곡을 겪는다. 사랑은 때로 고통과 희생을 동반하며, 이를 극복하기 위해 노력하고 헌신하는 과정을 통해 성장하고 성숙해간다. 이는 남녀 간의 사랑에만 국한되지 않고 모든 인간관계에서의 사랑에 적용된다.

3) 사랑 중의 사랑: 예수님은 솔로몬이 술람미 여인을 사랑한 것처럼 열정적으로 우리를 사랑하시며, 우리는 신랑 되신 예수님의 사랑을 갈망한다. 믿음을 지키는 가운데 어려움이 있을 수 있지만, 술람미 여인이 솔로몬을 간절히 찾고 사랑했듯이 우리 역시 예수님을 찾고 사랑한다면 우리의 신앙은 날마다 성장할 것이다.

4. 구조

구분	범위	주요 내용
사랑의 시작	1:1-5:1	사랑의 갈망, 사랑의 표현, 결혼
사랑의 성숙	5:2-8:14	사랑의 갈등, 변함없는 사랑, 사랑의 완성

NOTE

5. 내용 분석

1) 아가 1:1-5:1 | 사랑의 시작

(1) 사랑에 몰입(1:1–2:17)

솔로몬과 술람미 여인은 서로를 찬미하며 사랑을 고백한다. 술람미 여인은 솔로몬을 향해 적극적으로 사랑을 표현하고 솔로몬도 이에 화답한다. 서로의 아름다움에 매료된 그들은 함께 있으며 사랑을 나누고 싶어 한다.

아가 2장 13절을 적어보세요.

(2) 사랑으로 하나 됨(3:1–5:1)

솔로몬과 술람미 여인의 사랑이 깊어지면서 서로를 향한 그리움 또한 더욱 커져만 간다. 마침내 그들은 혼인하게 된다. 신방에 들어선 솔로몬은 신부를 바라보며 아무 흠이 없는 그녀의 아름다움에 감탄한다.

아가 4장 7절을 적어보세요.

2) 아가 5:2-8:14 | 사랑의 성숙

NOTE

(1) 사랑의 갈등(5:2-6:3)

잠들어 있던 신부가 여행을 마치고 돌아온 신랑의 소리를 듣고 일어나지만, 신랑은 이미 떠나고 없다. 그녀는 한밤중에 거리를 헤매며 신랑을 찾는다. 그러나 그를 찾지 못하고 오히려 해를 입는다. 신부는 남편을 잃은 슬픔으로 병이 들게 된다. 그녀는 동산 안에서 양 떼를 먹이고 있는 신랑을 발견하고 자신의 사랑을 고백한다.

아가 6장 3절을 적어보세요.

(2) 사랑이 자라감(6:4-8:14)

다시 재회한 부부는 서로를 더욱 신뢰하고 사랑한다. 술람미 여인은 솔로몬에게 간절하고 애틋한 마음을 표현하며 그에게 영원한 사랑을 간청한다. 솔로몬은 자신을 향한 술람미 여인의 헌신을 기뻐하고 그녀의 목소리를 듣기를 갈망한다. 이에 신부는 연가로 화답하며 그들의 사랑은 결말을 향해 나아간다.

아가 8장 7절을 적어보세요.

NOTE

6. 절대 긍정, 절대 감사 Point

1) 사랑의 아름다움

아가는 남녀 간의 사랑이 하나님이 세우신 창조 질서에 속하는 거룩한 행위이며 하나님이 주신 소중한 선물임을 보여준다. 우리는 하나님이 맺어주신 모든 관계를 긍정적으로 바라보고 감사하면서 성숙한 사랑을 향해 나아가야 한다.

하나님이 허락하신 사랑을 아름답게 지키기 위해 어떤 노력을 해야 할지 적어보세요.

2) 예수님의 사랑

아가는 신랑이신 예수님과 신부인 우리의 관계를 떠올리게 한다. 예수님은 솔로몬이 술람미 여인을 사랑한 것처럼 우리를 열정적으로 사랑하신다. 자격 없는 우리를 구원해주신 예수님의 사랑은 우리가 절대 긍정과 절대 감사로 살아갈 수 있는 이유가 된다. 우리는 날마다 예수님의 조건 없는 사랑에 감격하며 그분을 더욱 사랑해야 한다.

예수님의 사랑을 깊이 깨닫고 그분을 더욱 사랑하기 위해 무엇을 실천해야 할지 적어보세요.

7. 과제

NOTE

1) 하루에 아가를 1장씩 읽으며 하나님의 말씀에 순종하기를 다짐해 보세요.

2) 아가 강의를 통해 받은 감동과 깨달음을 적어보세요.

NOTE

8. 장별 핵심 내용

1:1-5:1 사랑의 시작

1:1-8 사랑을 갈망하는 신부

1:9-2:17 서로에 대한 찬미와 사랑 표현

3:1-5:1 혼례의 날

5:2-8:14 사랑의 성숙

5:2-8 신랑을 잃은 신부의 슬픔

5:9-16 신랑에 대한 묘사와 사랑 고백

6:1-3 부부의 재회

6:4-8:14 더욱 성숙해진 사랑

NOTE

IV. 예언서

17권

이사야 | 예레미야 | 예레미야애가
에스겔 | 다니엘 | 호세아
요엘 | 아모스 | 오바댜
요나 | 미가 | 나훔
하박국 | 스바냐 | 학개
스가랴 | 말라기

이사야 *Isaiah*

"심판과 구원, 하나님의 영광"

NOTE

1. 들어가며

이사야서는 선지자 이사야를 통해 하나님이 이스라엘 백성에게 주신 심판과 구원의 메시지가 기록된 책이다. 이사야는 이스라엘과 유다의 죄악에 대해 책망하고, 죄로 인해 심판이 임할 것을 경고한다. 그러나 회개하고 돌아오는 백성들에게는 은혜와 회복을 약속하며 메시아를 통한 궁극적인 구원을 예언한다. 이사야서는 구약의 복음서로 불릴 만큼 메시아에 대한 상세한 예언과 하나님의 구원 계획을 담고 있다.

2. 한눈에 보기

이사야서는 크게 두 부분으로 나눌 수 있다. 첫 번째 부분(1-39장)은 이스라엘과 유다의 죄악과 하나님의 공의로운 심판을 다룬다. 이 부분은 역사적 사건들과 연관되며 하나님의 정의와 경고의 메시지가 강조된다. 두 번째 부분(40-66장)은 바벨론 포로 이후의 회복과 메시아를 통한 구원에 초점을 둔다. 이 부분은 하나님의 위로와 구원의 약속을 선포하며, 하나님 나라의 궁극적인 영광과 미래의 소망을 노래한다.

NOTE

3. 중심 메시지

1) 하나님의 공의로운 심판: 이스라엘과 유다의 죄악에 대해 하나님은 심판을 선언하신다. 이 심판은 회복과 구원의 길로 인도하는 하나님의 사랑에서 비롯된 것이다.

2) 메시아를 통한 구원: 이사야는 메시아의 오심과 그의 사역을 통해 이루어질 구원을 예언한다. 이 예언은 신약에서 예수 그리스도를 통해 성취되었다.

3) 하나님의 나라와 영광: 이사야서는 궁극적으로 하나님 나라가 도래하여 그 영광이 온 세상에 충만할 것을 선포한다. 모든 민족과 열방이 하나님의 공의와 사랑을 인정하며 그분을 경배할 날을 소망한다.

4. 구조

구분	범위	주요 내용
심판과 경고	1-39장	유다와 예루살렘의 죄악과 심판, 열국에 대한 심판의 예언, 메시아의 약속
위로와 회복	40-55장	바벨론 포로에서의 해방과 회복, 하나님의 위로와 구속 계획
새 하늘과 새 땅의 소망	56-66장	모든 민족을 포함하는 하나님 나라의 비전, 새 하늘과 새 땅에 대한 약속

NOTE

5. 내용 분석

1) 이사야 1-39장 | 심판과 경고

(1) 유다와 예루살렘의 죄악(1–12장)

① 유다와 예루살렘의 부패(1-5장)

하나님은 유다와 예루살렘의 불의와 부패를 책망하시며, 그들의 형식적인 제사와 율법을 무시하는 행위를 강하게 꾸짖으신다. 백성들은 하나님의 언약을 저버리고 거짓과 불의를 행하고, 지도자들의 부패는 공동체 전체를 타락으로 이끈다. 하나님은 여전히 회개의 기회를 주시지만 이를 거부할 때 다가올 심판을 경고하신다. 그러나 심판 중에도 남은 자를 구원하실 것을 약속하신다.

이사야 1장 18절을 적어보세요.

② 남은 자와 메시아의 약속(6-9장)

유다의 심판 가운데에서도 하나님은 남은 자를 통해 구원의 계획을 이루실 것을 약속하신다. 이사야는 자신의 소명을 통해 하나님의 거룩하심과 심판의 메시지를 선포하며, 다윗의 계보를 통해 태어날 메시아를 "의와 평화의 통치자"로 묘사한다. 메시아는 어둠 속에 있는 백성에게 빛을 비추시고 하나님의 나라를 회복할 분으로 예언된다.

NOTE

이사야 9장 6절을 적어보세요.

③ 구원의 찬송과 소망(10-12장)

하나님의 구원을 경험한 남은 자들은 하나님께 찬송하며, 이스라엘은 열방 속에서 하나님의 이름을 높이고 그분의 구원을 선포한다. 하나님은 심판 후에도 구원의 약속을 성취하시며, 백성들에게 영원한 희망을 주신다.

이사야 12장 2절을 적어보세요.

(2) 열국에 대한 심판(13-23장)

① 바벨론과 주변 열국에 대한 심판 선포(13-16장)

하나님은 바벨론, 앗수르, 모압 등 주변 열국의 죄악과 교만에 대해 심판을 선포하신다. 특히 바벨론은 교만으로 인해 멸망할 것을 경고받는다. 앗수르는 한때 하나님의 심판의 도구로 사용되었지만 그들의 죄악으로 인해 심판받게 될 것이다. 하나님은 모든 열국에게 그들의 악행에 상응하는 공의를 실행하신다.

NOTE

이사야 13장 11절을 적어보세요.

② 애굽과 두로에 대한 심판(17-23장)

하나님은 애굽과 두로를 심판하시며 그들의 죄악을 공의로 다스리신다. 애굽은 강대국으로서의 자만과 우상 숭배로 인해 하나님의 심판을 받으며, 두로는 상업적 탐욕과 물질적 번영에 의지한 죄로 낮아진다. 하나님은 열방 가운데 하나님의 이름이 높임을 받고 모든 나라들이 하나님의 주권을 깨닫도록 하신다.

이사야 23장 9절을 적어보세요.

(3) 마지막 때에 대한 이사야의 묵시(24-27장)

① 온 땅의 심판(24장)

하나님은 인간이 하나님의 통치를 거부한 결과로 땅을 황폐하게 하신다. 이 심판은 하나님의 공의가 온전히 드러나는 사건이다. 이로 인해 모든 열방이 하나님의 권능과 주권 앞에 엎드려 경배하게 된다.

이사야 24장 21절을 적어보세요.

NOTE

② 하나님의 구원의 약속(25장)

하나님은 사망을 영원히 멸하시고, 모든 민족에게 구원의 잔치를 베푸실 것을 약속하신다. 하나님의 이름이 온 세상에서 높임을 받고, 열방이 하나님을 경외하며 찬송하게 될 것이다.

이사야 25장 8절을 적어보세요.

③ 새 노래의 선포(26-27장)

하나님의 백성은 심판과 구원 후 하나님의 승리를 찬양하며 새 노래를 부른다. 이 묵시는 하나님의 궁극적인 승리와 회복을 보여준다.

이사야 27장 13절을 적어보세요.

(4) 이스라엘과 유다를 향한 심판과 구원(28-35장)

① 유다의 불순종과 경고(28-29장)

하나님은 유다 백성의 교만과 불순종을 책망하시며, 그들이 하나님의 말씀을 거역하고 거짓과 불의에 빠져 있음을 지적하신다. 유다는 애굽과 동맹을 맺으려 하지만, 하나님은 오직 자신만이 구원자임을 선포하시며 그들에게 회개와 순종을 요구하신다.

NOTE

이사야 28장 16절을 적어보세요.

② 심판과 구원의 균형(30-32장)

유다와 이스라엘은 그들의 불순종과 우상숭배의 결과로 공의롭게 심판을 받는다. 그러나 하나님은 회개하는 자들에게 구원을 약속하신다. 또한 애굽을 의지하려는 유다를 책망하시며, 그들의 진정한 구원은 오직 하나님께 달려 있음을 가르치신다.

이사야 30장 18절을 적어보세요.

③ 광야의 희망(35장)

하나님은 광야에 꽃이 피고 메마른 사막이 변하여 기쁨과 생명의 땅이 될 것을 약속하신다. 이는 절망 속에서도 희망을 주는 비전으로, 하나님의 구원과 회복이 이루어질 날을 묘사한다. 이 약속은 심판을 넘어서는 하나님의 구속 계획을 강조한다.

이사야 35장 1-2절을 적어보세요.

NOTE

(5) 산헤립의 침공에서 시온의 구원(36-37장)

① 산헤립의 침공(36장)

앗수르 왕 산헤립이 예루살렘을 침공하여 히스기야 왕과 유다 백성을 협박하며 하나님을 모독한다. 히스기야는 위기 속에서 두려움에 휩싸이지만, 사람을 의지하지 않고 하나님께 도움을 요청하며 간구한다.

이사야 36장 14-15절을 적어보세요.

② 하나님의 응답(37장)

하나님은 이사야를 통해 앗수르 군대의 멸망을 예언하신다. 실제로 하나님의 천사가 나와 산헤립의 군대를 무찔러 예루살렘을 구원하신다. 이는 하나님의 주권과 신실하심을 나타내는 역사적 사건이다.

이사야 37장 36-37절을 적어보세요.

(6) 히스기야의 치유(38-39장)

① 히스기야의 병과 치유(38장)

히스기야는 죽을 병에 걸려 절망적인 상황에 처하지만, 하나님께 간절히 기도하며 자신을 긍휼히 여겨달라고 간청한다. 그의 기도에 응답해주신 하나님은 그의 생명을 15년 연장해 주시는 은혜를 베푸신다. 히

NOTE

스기야는 하나님의 은혜에 감사하며 자신의 회복을 찬송한다.

이사야 38장 5절을 적어보세요.

② 바벨론의 침략 예고(39장)

히스기야는 바벨론 사자들에게 자신의 재산과 권력을 자랑하는 실수를 범한다. 이를 통해 하나님은 바벨론이 유다를 침략할 것을 예고하시며, 히스기야에게 경고의 메시지를 전하신다.

이사야 39장 6-7절을 적어보세요.

2) 이사야 40-55장 | 위로와 회복

(1) 포로에서의 해방(40-48장)

① 위로의 선포(40장)

하나님은 바벨론 포로 생활로 고통받는 이스라엘 백성에게 위로와 회복의 메시지를 전하신다. 창조주이시며 구속자이신 하나님은 그들의 힘과 소망이 되시며 연약한 자들에게 새 힘을 주실 것을 약속하신다.

NOTE

이사야 40장 31절을 적어보세요.

② 우상의 허무함과 하나님의 주권(41-42장)

하나님은 우상의 무능함을 드러내고 자신의 주권과 능력을 강조하신다. 또한 이스라엘 백성에게 오직 하나님만 의지하라고 가르치신다. 하나님은 구속자로서 이스라엘을 보호하시고, 그들을 통해 열방을 구원으로 이끄시겠다는 계획을 알려주신다.

이사야 41장 10절을 적어보세요.

③ 바벨론의 멸망과 해방의 약속(43-48장)

하나님은 바벨론의 멸망을 예언하시며, 고레스 왕을 하나님의 도구로 사용하여 이스라엘을 해방시킬 것을 약속하신다. 이는 하나님의 주권 아래 모든 민족이 하나님의 뜻을 이루는 도구로 사용될 수 있음을 보여준다.

이사야 45장 1절을 적어보세요.

NOTE

(2) 메시아의 고난과 승리(49–55장)

① 메시아의 종으로서의 사역(49-52장)

메시아는 하나님의 종으로서 열방을 위한 빛으로 오셔서, 고난과 희생을 통해 모든 민족에게 구원의 길을 여실 것이다. 그의 사역을 통해 온 세계를 향한 하나님의 구원 계획이 완성될 것이다.

이사야 49장 6절을 적어보세요.

② 메시아의 고난과 대속(53장)

메시아는 인류의 죄악을 짊어지시고 찔림과 상처를 입으실 것이다. 그는 자신의 희생을 통해 하나님의 공의를 이루시고 죄로 인해 단절된 하나님과 사람 사이의 관계를 회복시키실 것이다.

이사야 53장 5절을 적어보세요.

③ 구원의 초청(54-55장)

하나님은 값없이 주어지는 구원의 초청을 선포하시며, 모든 이들에게 생명과 은혜를 약속하신다. 이는 하나님의 사랑과 구원이 모든 인류에게 열려 있음을 상징한다.

이사야 55장 1절을 적어보세요.

3) 이사야 56-66장 | 새 하늘과 새 땅의 소망

(1) 모든 민족을 향한 하나님의 계획(56-59장)

① 이방인을 향한 구원의 초대(56장)

하나님의 구원은 이스라엘에 국한되지 않고 모든 민족에게 열려 있다. 하나님의 언약을 따르고 안식을 지키며, 하나님께 마음을 돌이키는 모든 사람은 하나님의 백성이 될 수 있다.

이사야 56장 7절을 적어보세요.

② 공의의 실현과 불의의 심판(57-58장)

하나님은 불의와 악행을 행하는 자를 공의로 심판하시며, 정의와 진리를 실현하실 것을 약속하신다. 죄는 하나님과 인간 사이를 갈라놓지만, 하나님은 회개하는 자들에게 은혜를 베푸시고 구원의 길을 열어주신다.

이사야 58장 6-7절을 적어보세요.

NOTE

③ 구원의 약속과 회복(59장)

하나님은 백성들에게 구속의 손길을 약속하시며, 그들을 어둠에서 건져내어 영원한 빛으로 인도하실 것을 선포하신다. 이 구원의 약속은 이스라엘뿐 아니라 열방 모두를 포함하는 하나님의 계획이다.

이사야 59장 20절을 적어보세요.

(2) 새 하늘과 새 땅의 비전(60-66장)

① 예루살렘의 영광 회복(60-62장)

예루살렘은 하나님의 영광으로 충만해지고, 열방의 중심지가 될 것이다. 모든 민족이 예루살렘으로 모여들며 하나님의 이름을 찬양할 것이다.

이사야 60장 1절을 적어보세요.

② 새 하늘과 새 땅의 창조(65장)

하나님은 새로운 시대를 열어가시며, 의와 평화가 영원히 지속되는 새 하늘과 새 땅을 창조하실 것을 약속하신다. 이 새로운 창조는 하나님의 구속 계획의 완성을 의미하며, 모든 백성이 기쁨과 찬양 가운데 영원한 삶을 살게 될 것이다.

NOTE

이사야 65장 17절을 적어보세요.

③ 열방의 예배와 영광(66장)

하나님은 모든 민족이 하나님의 이름을 높이며 예배할 것을 선포하신다. 온 땅이 하나님의 통치 아래 새롭게 되어 영원한 평화와 축복이 넘치게 될 것이다.

이사야 66장 18절을 적어보세요.

6. 절대 긍정, 절대 감사 Point

1) 하나님의 절대 주권 인정

이사야는 하나님의 절대적인 주권을 선포하며, 인간의 죄악과 심판조차도 하나님의 구속 계획 안에 있음을 보여준다. 우리는 하나님의 주권을 신뢰하며 우리의 한계를 넘어 역사하시는 그분의 계획을 믿고 매사에 긍정적으로 살아야 한다.

고난 중에도 하나님의 주권을 신뢰하고 긍정적으로 살아갈 수 있는 방법을 적어보세요.

NOTE

2) 메시아의 희생과 구원

이사야서의 메시아 예언은 예수 그리스도를 통해 완전히 성취되었다. 우리는 예수님이 우리를 위해 고난당하셨다는 것을 마음에 새기고 항상 구원의 은혜에 감사하며 살아야 한다.

구원의 은혜를 기억하며 감사를 실천할 방법을 적어보세요.

7. 과제

1) 하루에 이사야서를 10장씩 읽으며 하나님의 말씀에 순종하기를 다짐해 보세요.

2) 이사야서 강의를 통해 받은 감동과 깨달음을 적어보세요.

8. 장별 핵심 내용

NOTE

1-12장 유다와 예루살렘에 대한 심판
1장 이사야 메시지의 개요와 회개의 촉구
2-4장 교만한 백성과 지도자들에 대한 경고, 심판의 날
5장 포도원의 노래로 이스라엘의 죄악 지적
6장 이사야의 소명과 하나님의 부르심
7-8장 시리아-에브라임 동맹에 대한 경고
9-12장 메시아의 예언과 남은 자의 구원

13-23장 이방 민족들에 대한 심판
13-14장 바벨론, 앗수르, 블레셋의 심판 예언
15-16장 모압에 대한 심판
17-20장 다메섹, ,에티오피아, 애굽 등 주변국 심판
21-23장 바벨론과 두로, 시돈의 심판

24-27장 이방 민족들에 대한 심판
24장 온 세상을 향한 심판
25장 하나님의 구원을 찬양
26장 시온의 회복과 부흥
27장 포도원의 회복

28-32장 이방 민족들에 대한 심판
28장 사마리아와 예루살렘에 대한 경고
29장 아리엘(예루살렘)의 심판과 회복
30-32장 애굽 의존에 대한 경고와 하나님의 약속

33-35장 이사야의 묵시
33장 하나님의 통치와 보호
34장 에돔의 심판
35장 시온의 회복과 영광

36-39장 예루살렘의 위기와 구원
36-37장 산헤립의 침공과 하나님의 구원
38-39장 히스기야의 병과 바벨론의 사신 방문

40-48장 고레스와 바벨론
40장 하나님의 위로와 능력
41장 고레스의 부르심과 하나님의 계획
42-44장 하나님의 종과 구원의 약속
45-48장 바벨론의 멸망과 구속

49-55장 예루살렘을 향한 구원
49-52장 하나님의 종의 사역과 이스라엘 회복
53장 고난받는 종의 노래
54-55장 구원의 초청과 언약

56-59장 심판의 말씀
56장 정의와 공의의 실천
57장 우상숭배와 하나님의 구원
58장 진정한 금식과 순종
59장 백성의 죄와 구원의 약속

60-66장 예루살렘을 향한 구원의 말씀
60-62장 시온의 장래 영광과 회복
63-64장 하나님의 구원과 백성의 기도
65-66장 새 하늘과 새 땅의 약속

예레미야 *Jeremiah*

"이스라엘을 향한 하나님의 마스터플랜: 심판과 구원"

NOTE

1. 들어가며

예레미야서는 유다 왕국의 마지막 시기를 배경으로 한다. 예레미야는 요시야 왕 제13년에 하나님께 부름을 받아 앗수르의 쇠퇴와 애굽, 바벨론의 대립이라는 역사적 격동 속에서 유다를 향한 하나님의 심판을 선포한다. 또한 바벨론에 의해 유다가 멸망한 후 70년이 지나 하나님이 그들을 다시 귀환시키고 회복하실 것이라는 희망의 메시지도 전한다.

2. 한눈에 보기

예레미야는 우상숭배와 불의로 가득한 유다를 향해 하나님의 심판을 경고하며 회개를 촉구하지만, 그들은 듣지 않고 오히려 예레미야를 핍박하며 멸망의 길로 접어든다. 예레미야는 심판과 함께 회복 또한 예언한다. 하나님은 심판을 통해 이스라엘을 정화하고 다시 회복시키시며, "의로운 가지"를 일으켜 의와 공의로 다스리실 것이다. 그리고 "새 언약"을 통해 그들을 새 마음을 지닌 새로운 존재로 변화시키실 것이다.

3. 중심 메시지

NOTE

1) 유일신 하나님: 예레미야서는 하나님은 유일신이며 그분만이 예배의 대상이 되어야 함을 강조한다. 하나님은 만물의 창조주이며 이스라엘과 열방의 역사 전체를 통제하고 주관하신다.

2) 새 언약: 유다 백성은 우상을 숭배하고 율법에 불순종함으로 하나님과 맺은 언약을 파기한다. 그로 인해 그들은 심판받아 멸망하지만, 멸망은 곧 새로운 회복을 위한 전제로 하나님은 새 언약을 통해 그들의 마음을 새롭게 하시고 깨어진 관계를 회복하실 것이다.

3) 선지자의 영성: 예레미야는 "눈물의 선지자"라고 불릴 만큼 죄에 무감각하고 다가올 심판에 대해 무지한 백성들을 보며 고통의 눈물을 흘린다. 그는 자기 백성을 심판할 수밖에 없어 탄식하며 괴로워하시는 하나님의 슬픔도 함께 느낀다. 그는 심판을 선포하면서 동족으로부터 멸시와 천대를 당하고 온갖 고난을 겪지만, 하나님의 말씀을 전하는 사명을 끝까지 포기하지 않는다.

4. 구조

구분	범위	주요 내용
이스라엘과 유다에 대한 심판 예언	1-25장	예레미야의 소명과 환상, 예레미야의 탄원, 예레미야의 상징 행위, 심판 선포
예레미야에 관한 이야기	26-45장	성전 설교, 거짓 예언자들과의 대결, 포로로 끌려간 유다인들에게 보낸 편지, 새 언약, 예레미야의 고난, 그다랴 암살과 애굽으로의 납치, 우상숭배에 대한 경고, 바룩을 향한 구원의 말씀
이방 민족들에 대한 예언 및 유다의 멸망	46-52장	애굽·블레셋·모압·바벨론 등에 대한 말씀, 유다 왕국의 멸망, 포로 유배

NOTE

5. 내용 분석

1) 예레미야서 1-25장 | 이스라엘과 유다에 대한 심판 예언

(1) 예레미야의 소명과 환상 및 심판에 대한 초기 선포(1–6장)

하나님은 예레미야를 열방의 선지자로 부르시고, 그가 전해야 할 메시지를 알려주신다. 이스라엘의 지도자들은 이방 신을 숭배하고 악을 행하며 정의와 공의가 사라진 삶을 살아간다. 예레미야는 그들에게 회개하고 돌아오라고 호소하지만, 하나님의 경고를 무시한 유다는 결국 북방의 한 민족의 침략을 받아 멸망하게 될 것이다.

예레미야 3장 12절을 적어보세요.

(2) 예레미야의 성전 설교와 심판 선포(7–12장)

예레미야는 성전 안뜰로 통하는 여러 문 가운데 하나에 서서 그곳을 오가는 많은 사람을 향해 심판을 선포하며 회개를 촉구한다. 그는 형식적으로 드리는 제사보다 하나님께 순종하고 말씀을 실천하는 것이 참된 예배임을 선포한다. 우상숭배와 악한 행실에서 돌이키지 않는 유다는 심판받을 것이다. 우상은 헛되고 무력한 것으로 결코 살아 계신 하나님과 견줄 수 없다.

예레미야 7장 3절을 적어보세요.

NOTE

(3) 예레미야의 상징행위와 그의 고난(13-20장)

예레미야는 허리띠 상징행위와 포도주로 든 가죽 부대의 비유를 통해 심판을 선포하며 하나님께 돌아올 것을 호소한다. 유다에 가뭄이 닥치자 예레미야는 중보기도를 드리지만, 하나님은 이를 외면하시고 더 큰 재앙을 내리신다. 토기장이가 자기 뜻대로 그릇을 만들고 깨뜨리는 것처럼, 하나님이 이스라엘의 운명을 주관하신다. 심한 박해와 핍박에 처한 예레미야는 자신의 고통을 하나님께 탄원한다.

예레미야 19장 11절을 적어보세요.

(4) 지도자들을 향한 책망 및 심판과 회복의 메시지(21-25장)

바벨론이 유다를 공격하자 시드기야 왕은 예레미야에게 기도를 요청한다. 그러나 하나님은 유다의 왕들이 우상숭배와 불의를 행하므로 그들을 심판하실 것이라고 말씀하신다. 거짓 평안을 외치며 회개를 방해하는 거짓 예언자들 역시 심판받을 것이다. 예레미야는 바벨론에 의한 유다의 멸망과 70년 포로 생활을 예언한다. 그러나 하나님은 정하신 때에 잡혀간 자들을 돌아오게 하고 회복하실 것이다.

예레미야 24장 7절을 적어보세요.

NOTE

2) 예레미야서 26-45장 | 예레미야에 관한 이야기

(1) 성전 설교의 결과와 거짓 예언자들과의 대결(26-29장)

성전 설교를 들은 이스라엘 백성은 예레미야를 죽이려 한다. 예레미야는 바벨론에 복종하고 거짓 예언자들을 따르지 말라고 경고한다. 하나님이 바벨론을 꺾으시고 포로 된 자들이 곧 귀환할 것이라고 거짓 예언한 하나냐는 결국 죽게 된다. 예레미야는 바벨론으로 끌려간 포로들에게 하나님이 정하신 70년이 지나면 예루살렘으로 다시 돌아오게 될 것이라는 희망의 메시지를 전한다.

예레미야 29장 11절을 적어보세요.

(2) 미래에 있을 회복의 약속(30-33장)

하나님은 때가 되면 포로 된 이스라엘과 유다를 다시 돌아오게 하시고 그들을 위해 다윗의 자손들 가운데 새로운 통치자를 세우시며 새 언약을 맺으실 것이다. 이전의 언약과 달리 새 언약은 완전한 언약으로 하나님의 법이 백성의 마음에 새겨지고 모두가 하나님을 알게 될 것이다. 하나님은 무조건적으로 이스라엘의 죄를 용서하시고 그들에게 말씀에 순종하여 살아갈 능력을 부어주실 것이다.

예레미야 31장 33절을 적어보세요.

NOTE

(3) 시드기야의 운명과 예루살렘 함락(34-45장)

예레미야는 시드기야 왕에게 예루살렘이 바벨론에 의해 멸망하고 왕은 포로가 될 것이라고 경고한다. 하나님은 신실한 레갑 족속과 불순종하는 유다를 대비하며 불순종의 대가가 재앙임을 말씀하신다. 결국 바벨론이 예루살렘을 함락하고 시드기야 왕은 두 눈이 뽑힌 채 포로로 잡혀간다. 애굽으로 끌려간 예레미야는 그곳에서도 우상을 숭배하고 있는 유다인들에게 하나님의 재앙이 임할 것을 경고한다.

예레미야 44장 27절을 적어보세요.

3) 예레미야서 46-52장 | 이방 민족들에 대한 예언 및 유다의 멸망

(1) 이방 민족들에 대한 선포(46-51장)

하나님의 심판은 열방으로 확대된다. 이 세상에서 아무리 강한 국가일지라도 모든 나라와 민족은 하나님의 주권 아래에 있다. 하나님은 바벨론을 도구 삼아 애굽을 치실 것이다. 블레셋은 애굽에 의해 멸망하고 모압, 암몬, 에돔, 다메섹, 게달, 하솔, 엘람도 애굽과 같이 바벨론에 의해 멸망할 것이다. 하나님은 교만하고 잔인한 바벨론을 공의로 심판하고 하나님의 백성을 포로로부터 해방하실 것이다.

예레미야 46장 10절을 적어보세요.

NOTE

(2) 예루살렘의 함락과 바벨론 포로 유배(52장)

시드기야 왕은 과거의 왕들의 악행을 본받아 바벨론 왕 느부갓네살을 배반하는 잘못을 범한다. 그는 예레미야를 통해 선포된 하나님의 경고를 무시한다. 결국 예루살렘과 성전이 파괴되고 시드기야 왕은 바벨론으로 잡혀가 비참한 최후를 맞이한다. 유다 백성 또한 바벨론으로 끌려가 포로 생활을 하게 된다. 여호야긴 왕의 석방은 유다 백성에게 회복과 구원이 반드시 성취되리라는 소망을 준다.

예레미야 52장 31절을 적어보세요.

6. 절대 긍정, 절대 감사 Point

1) 하나님께로 돌이키는 삶

죄에서 돌이켜 하나님의 말씀대로 행하면 하나님은 다시 우리의 영혼을 회복하신다. 만약 하나님보다 더 믿고 의지하는 것이 있다면 회개하고 하나님께로 돌아가야 한다. 하나님은 회개하며 돌이키는 자를 돌보시고 지키신다. 우리는 구원의 하나님을 신뢰하고 어떤 상황에서도 절대 긍정의 믿음으로 살아가야 한다.

내 삶에서 회개하고 하나님께로 돌이켜야 할 부분은 무엇인지 적어보세요.

NOTE

2) 하나님의 부르심에 순종하는 삶

하나님은 예레미야를 부르신 것처럼 지금도 하나님의 사명을 감당할 사람을 찾고 계신다. 우리가 맡기신 사명에 절대 감사하고 자신의 연약함과 부족함을 하나님께 고백하며 나아갈 때, 하나님은 우리와 함께하시며 어떤 일도 능히 감당할 수 있도록 하신다. 우리는 하나님의 부르심에 겸손하게 순종하며 최선을 다하는 삶을 살아야 한다.

하나님이 나에게 맡기신 사명은 무엇이며 이에 순종하기 위해 어떤 노력이 필요한지를 적어보세요.

7. 과제

1) 하루에 예레미야서를 8장씩 읽으며 하나님의 말씀에 순종하기를 다짐해 보세요.

2) 예레미야서 강의를 통해 받은 감동과 깨달음을 적어보세요.

NOTE

8. 장별 핵심 내용

1-25장 이스라엘과 유다에 대한 심판

1장 예레미야의 소명과 환상
2-6장 하나님의 심판 예고와 회개의 촉구
7장 예레미야의 성전 설교
8-9장 지도자들을 향한 비판과 예레미야의 탄식
10장 하나님과 우상의 대조
11장 언약을 파기한 이스라엘과 그 결과
12장 악인의 번영에 대한 예레미야의 탄원, 하나님의 탄식, 이웃 민족들에 대한 예언
13장 허리띠 상징행위
14장 가뭄 재앙
15장 고난받는 예레미야의 호소
16장 상징적인 독신 생활
17장 유다의 죄와 벌, 안식일에 대한 명령
18장 토기장이의 비유와 예레미야의 기도
19장 깨진 옹기의 상징행위
20장 예레미야의 탄원
21-23장 유다 왕들과 거짓 예언자들을 향한 경고
24장 무화과 두 광주리 환상
25장 유다와 예루살렘, 이방 나라에 대한 심판

26-45장 예레미야에 관한 이야기

26장 성전설교 이후 예레미야의 운명
27-28장 거짓 예언자들과의 갈등
29장 바벨론에 끌려간 포로들에게 보낸 편지
30-31장 위로의 책
32장 아나돗 땅 매입 상징행동
33장 구원의 말씀
34장 시드기야의 운명
35장 신실한 레갑 족속
36장 바룩이 받아쓴 두루마리와 그 운명
37-44장 예레미야의 수난사
45장 바룩을 향한 구원의 말씀

46-52장 이방 민족들에 대한 예언 및 유다의 멸망

46장 이집트에 대한 예언
47장 블레셋에 대한 예언
48장 모압에 대한 예언
49장 암몬에 대한 예언
50-51장 바벨론에 대한 예언
52장 예루살렘의 함락과 바벨론 포로 유배

NOTE

예레미야애가 *Lamentations*

"절망 중에 울려 퍼지는 슬픔과 희망의 하모니"

NOTE

1. 들어가며

예레미야애가는 유다와 예루살렘이 멸망하고 성전이 파괴된 것을 애도하는 다섯 개의 시로 이루어져 있다. 이 책의 이름은 히브리어 본문의 첫 난어 '에카'(슬프다, 어찌하여)에서 유래되었다. 예레미아애가는 예루살렘 멸망으로 인한 깊은 슬픔을 노래하며, 심판이 유다의 죄로 인한 결과임을 알리기 위해 기록되었다. 또한 고난 중에도 신실하신 하나님을 바라보며 구원과 회복에 대한 믿음과 소망을 주려는 목적을 담고 있다.

2. 한눈에 보기

예레미야애가는 예루살렘의 멸망과 유다 백성의 고통에 대해 기록하면서 하나님께 불순종하고 언약을 저버린 결과가 얼마나 참혹한지를 보여준다. 예레미야는 하나님의 심판으로 인한 고통을 호소하면서도 하나님의 선하심을 바라보며 백성들에게 회개를 촉구한다. 유다 백성은 자신들이 겪는 모든 재앙이 자신의 죄악 때문임을 고백하며 인자와 긍휼이 무궁하신 하나님께 예루살렘을 회복해 주시기를 기도한다.

3. 중심 메시지

1) 죄를 심판하시는 하나님: 유다와 예루살렘의 멸망은 유다 백성의 불순종과 죄에 대한 하나님의 정당한 심판이다. 거룩하시고 공의로우신 하나님은 죄에 대해 분노하시며 반드시 그에 따른 심판을 내리신다. 그러나 회개하고 돌이키는 자를 용서하시고 다시 회복시켜 주시는 인자와 긍휼이 무한하신 분이시다.

2) 회복과 구원에 대한 소망: 유다 백성이 겪은 고통은 그들이 죄를 깨닫고 하나님께 돌아오는 계기가 된다. 하나님은 정하신 때에 그들을 구원하고 회복할 것을 약속하신다. 하나님이 원하시는 것은 멸망과 진노가 아니라 회복과 치유이다. 신실하신 하나님은 이스라엘이 고난 중에도 소망을 잃지 않을 이유가 되신다.

4. 구조

구분	범위	주요 내용
폐허가 된 예루살렘의 통곡	1장	예루살렘의 슬픔
야훼의 진노와 예루살렘의 탄식	2장	예루살렘의 파괴에 대한 애도, 예레미야의 슬픔
예레미야의 탄원과 위로	3장	예레미야의 개인적인 고통, 하나님에 대한 예레미야의 신뢰와 간구
시온의 불행과 수치	4장	예루살렘의 멸망을 초래한 죄
굴욕을 겪는 백성의 기도	5장	고난에 대한 탄식과 회개, 야훼의 긍휼에 대한 간구

NOTE

5. 내용 분석

1) 예레미야애가 1장 | 폐허가 된 예루살렘의 통곡

예루살렘은 고통 속에 신음하는 여인으로 묘사된다. 한때 열방의 으뜸이자 나라 중 여왕이었던 예루살렘은 종의 신분으로 몰락하여 이방 나라들의 조롱거리가 된다. 예루살렘은 재앙이 자기들의 죄악으로 인한 것임을 깨닫고, 유일한 희망이신 하나님의 의로우심을 바라보며 원수들의 죄악을 공의로 갚아주실 것을 호소한다.

예레미야애가 1장 1절을 적어보세요.

2) 예레미야애가 2장 | 야훼의 진노와 예루살렘의 탄식

(1) 예루살렘의 파괴에 대한 애도(2:1-10)

예루살렘의 성전은 불타버리고 성벽은 허물어졌다. 이 모든 것은 우연히 일어난 일이 아니라 이스라엘 백성의 타락으로 인한 하나님의 진노에 따른 것이다. 하나님이 언약을 기억하지 않으시고 자기 백성을 원수처럼 대적하심으로 예루살렘은 완전히 파괴되고 왕과 지도자들은 포로로 잡혀간다. 백성들은 절망 속에서 슬픔에 잠긴다.

예레미야애가 2장 5절을 적어보세요.

NOTE

(2) 예레미야의 슬픔(2:11-22)

예레미야는 처참한 상황을 보며 깊은 슬픔과 고통에 잠긴다. 모든 백성은 양식이 없어 굶어 죽어가고, 제사장과 예언자들은 자신들이 지키던 성소에서 살해당한다. 소중히 여겼던 자녀들은 적들의 칼에 죽임을 당하고 남은 유아들은 배고픔을 견디지 못한 어른들의 양식이 되어버렸다. 예레미야는 심판과 회개의 메시지를 거부하고 멸망의 길을 자초한 백성들을 보며 눈물을 흘리며 탄식한다.

예레미야애가 2장 20절을 적어보세요.

3) 예레미야애가 3장 | 예레미야의 탄원과 위로

(1) 예레미야의 고통(3:1-18)

예레미야는 하나님이 자기를 어둠 가운데 버리고 뼈를 꺾었으며 그곳에 사슬로 묶어 놓으셨다고 탄식한다. 아무리 부르짖어 도움을 구해도 하나님은 그의 기도에 응답하지 않으신다. 예레미야는 극심한 고난과 절망 가운데 하나님을 향한 소망조차 잃어버리게 된다.

예레미야애가 3장 18절을 적어보세요.

NOTE

(2) 하나님에 대한 예레미야의 신뢰와 간구(3:19-66)

절망하며 탄식하던 예레미야는 자신의 시선을 하나님께로 돌린다. 그는 하나님의 무궁하신 인자와 긍휼을 기억하며 구원을 소망한다. 하나님의 본심은 심판과 멸망이 아닌 구원과 회복이다. 하나님의 선하심을 깨달은 예레미야는 이스라엘 백성에게 죄를 고백하고 하나님의 긍휼을 구할 것을 호소하면서, 하나님께 자신의 생명을 보호하고 대적들의 죄를 갚아주실 것을 간구한다.

예레미야애가 3장 22-23절을 적어보세요.

4) 예레미야애가 4장 | 시온의 불행과 수치

시온의 멸망이 현실이 되었다. 과거에 누렸던 영광과 달리 현재의 시온은 완전히 황폐하고 비천한 처지에 놓여있다. 시온의 죄악은 소돔의 죄악보다 심각하다. 그 결과 굶주린 부모가 자식을 삶아 먹는 끔찍한 상황에까지 이르렀다. 이러한 멸망의 원인은 지도자들이 무고한 자의 피를 흘리고 하나님이 아닌 이방 나라들을 의지한 데에 있다.

예레미야애가 4장 11절을 적어보세요.

5) 예레미야애가 5장 | 굴욕을 겪는 백성의 기도

NOTE

(1) 고난에 대한 탄식(5:1–18)

유다 백성은 하나님께 자신들이 받은 치욕을 기억하고 살펴주시기를 간구한다. 하나님의 기업이 이방인의 손에 넘어가고 이제 이스라엘은 마치 먹고 살기 어려운 고아와 과부 같은 처지에 놓여 있다. 백성들은 현재 겪는 압제와 고통이 조상들이 범한 죄로 인한 것임을 인정하며, 참회와 탄식으로 하나님 앞에 나아간다.

예레미야애가 5장 15-16절을 적어보세요.

(2) 야훼의 긍휼에 대한 간구(5:19–22)

유다 백성은 하나님의 영원한 통치에 소망을 둔다. 하나님은 자기 백성을 버리지 않으신다. 그들은 하나님이 자신들을 돌이키고 새롭게 하셔서 옛날처럼 회복될 수 있기를 간구한다. 하나님은 결코 이스라엘을 버리지 않으시고 약속하신 바를 이루실 것이기에 이스라엘은 구원과 회복에 대한 소망을 잃지 않는다.

예레미야애가 5장 21절을 적어보세요.

NOTE

6. 절대 긍정, 절대 감사 Point

1) 회개하고 순종하는 삶

죄로 인해 고난 당할 때 그 고난은 회개의 통로가 될 수 있다. 하나님은 때로 사랑하는 자녀가 멸망의 길로 가지 않도록 징계하시며, 죄를 회개하고 돌이키는 자에게 용서와 회복의 은혜를 베푸신다. 고난이 닥칠 때 우리는 겸손히 자신을 낮추고 눈물로 회개하며 절대 감사하는 마음으로 하나님께로 나아가야 한다.

회개와 순종의 삶을 살기 위해 무엇을 결단해야 할지를 적어보세요.

2) 절망 중에도 소망을 잃지 않는 삶

유다 백성은 하나님이 인자와 긍휼이 무궁하신 분이라는 사실을 믿으며 절대 절망의 상황에서도 소망을 잃지 않는다. 하나님은 변함이 없이 신실하시며 우리를 향한 하나님의 구원 약속은 영원하다. 고난 가운데 낙심하고 좌절할지라도 절대 긍정의 믿음으로 하나님께 소망을 두며 살아갈 때 하나님이 우리의 기업이 되어주실 것이다.

절망스러운 순간에도 소망을 잃지 않기 위해 어떤 노력이 필요한지를 적어보세요.

7. 과제

NOTE

1) 예레미야애가를 읽으며 하나님의 말씀에 순종하기를 다짐해 보세요.

2) 예레미야애가 강의를 통해 받은 감동과 깨달음을 적어보세요.

NOTE

8. 장별 핵심 내용

1-5장 예루살렘의 멸망으로 인한 애통

1장 황폐한 예루살렘

2장 예루살렘에 대한 하나님의 진노

3장 예레미야의 고통과 소망

4장 예루살렘의 참상

5장 백성의 탄식과 구원을 위한 기도

NOTE

에스겔 *Ezekiel*

"마른 뼈를 다시 살리시는 구원과 회복의 하나님"

NOTE

1. 들어가며

에스겔서는 에스겔이 바벨론 2차 포로로 끌려간 이후, 이스라엘과 이방 민족들에게 일어날 사건들을 환상으로 보고 기록한 책이다. '하나님이 강하게 하심'이라는 의미를 가진 에스겔의 이름은 역사상 가장 어두운 시기를 지나던 이스라엘을 격려하고 소망을 주었던 그의 사역을 잘 드러낸다. 에스겔서를 기록한 목적은 죄에서 돌이킨 하나님의 백성에게 구원과 회복을 선포하는 데 있다.

2. 한눈에 보기

에스겔은 죄로 인해 임박한 유다의 멸망과 이방 나라에 대한 하나님의 심판을 예언하는 동시에 이스라엘의 구원과 회복을 선포한다. 그는 하나님의 영광과 능력을 증언하며, 하나님이 자기 이름을 위하여 역사하신다는 사실을 강조한다. 이를 통해 하나님은 죄를 미워하시는 공의의 하나님이시지만, 자기 백성인 이스라엘을 끝까지 버리지 않으시고 구원과 회복의 약속을 이루는 신실한 분이심을 전한다.

3. 중심 메시지

NOTE

1) 언약의 하나님: 에스겔서에는 "내가 야훼인 줄을 너희가 알리라"라는 표현이 60회 이상 나온다. '야훼 하나님'은 이스라엘과 언약을 맺으신 분이시다. 에스겔은 언약의 하나님이 구원이든 심판이든 약속한 것은 반드시 이행하시며, 언약을 지키는 분임을 강조한다.

2) 죄에 대한 책임: 이스라엘은 주변 민족들보다 더 큰 악을 행했다. 하나님은 그들의 행위를 가증히 여기시며 심판하셨다. 이는 하나님이 죄를 얼마나 미워하시는지를 드러내며, 죄에는 반드시 책임이 따른다는 강력한 경고가 된다.

3) 이스라엘의 구원과 회복: 언약의 하나님은 이스라엘을 구원하고 회복시킨다는 약속을 이루시는 분이다. 에스겔은 이스라엘을 향한 하나님의 구원과 회복을 예언하며 절망 속에 있는 그들을 격려한다. 동시에 구원과 회복은 진정한 회개가 있을 때 비로소 이루어진다는 사실을 강조한다.

4. 구조

구분	범위	주요 내용
예루살렘과 유다에 대한 심판	1-24장	에스겔의 소명 환상, 예루살렘의 죄, 심판 통보
이방 민족들에 대한 심판	25-32장	이스라엘 주변 이방 민족들에 대한 심판
이스라엘의 구원과 회복	33-48장	구원과 회복 선포, 새 성전에 대한 환상

NOTE

5. 내용 분석

1) 에스겔 1-24장 | 예루살렘과 유다에 대한 심판

(1) 에스겔의 소명(1–3장)

에스겔은 예루살렘이 멸망하기 전, 바벨론 2차 포로 생활을 하던 중에 하나님의 영광을 보는 환상을 통해 하나님의 말씀을 전하는 예언자로 부름을 받는다. 하나님은 에스겔을 부르시고 이스라엘을 향한 예언 사역을 맡기셨다. 에스겔은 이스라엘 백성에게 회개를 촉구하며 하나님의 심판을 전한다.

에스겔 2장 7절을 적어보세요.

(2) 예루살렘에 대한 심판 선포(4–24장)

에스겔은 하나님이 보여주신 환상을 통해 바벨론에 있는 유대인들에게 예루살렘의 심판이 임박했음을 경고한다. 이 심판은 그들의 죄악 때문이다. 그는 상징적인 행동과 다양한 기호, 비유를 통해 이스라엘에 대한 하나님의 메시지를 전한다. 에스겔이 시각적인 방식으로 예언한 이유는 마음이 굳은 이스라엘 백성들에게 하나님의 메시지를 더욱 분명히 기억하게 하기 위함이다.

에스겔 18장 30-32절을 적어보세요.

2) 에스겔 25-32장 | 이방 민족들에 대한 심판

NOTE

(1) 암몬, 모압, 에돔, 블레셋에 대한 심판(25장)

예루살렘이 하나님의 심판을 받는 동안, 에스겔은 이스라엘을 괴롭혀 온 민족들에 대한 심판을 예언한다. 그들은 이스라엘을 미워하며 저주했고 이스라엘의 멸망을 기뻐했다. 하나님은 아브라함과 맺은 언약을 기억하시며, 이스라엘의 멸망을 기뻐하고 조롱하는 이방 민족들에 대해 심판을 선언하신다.

에스겔 25장 6-7절을 적어보세요.

(2) 두로와 시돈에 대한 심판(26-28장)

두로는 예루살렘의 멸망을 기뻐하며 이를 계기로 무역 이익을 더욱 늘리려고 한다. 뿐만 아니라 두로 왕은 자신을 하나님의 위치에까지 끌어올리려는 교만함을 드러낸다. 시돈 역시 이스라엘을 멸시하며 예루살렘의 멸망을 즐거워했기 때문에 하나님의 심판을 피할 수 없다.

에스겔 28장 24절을 적어보세요.

(3) 애굽에 대한 심판(29-32장)

하나님은 바벨론 왕 느부갓네살을 애굽에 대한 심판의 도구로 사용할 것이라고 선언하신다. 이 심판으로 인해 애굽의 정치, 경제, 종교가

NOTE

모두 무너지고, 애굽을 돕던 자들까지도 하나님의 심판을 받는다. 하나님이 애굽을 심판하시는 이유는 바로의 교만함과 이스라엘에 대한 그들의 이기적인 행위 때문이다.

에스겔 29장 9절을 적어보세요.

3) 에스겔 33-48장 | 이스라엘의 구원과 회복

(1) 이스라엘의 구원 선포(33-39장)

하나님은 한 목자를 세우시고, 그를 통해 다윗 왕조를 회복하고 화평의 언약을 맺어 이스라엘을 회복시켜 주실 것을 약속하신다. 이에 에스겔은 이스라엘 백성과 이웃 나라에 하나님의 구원을 선포한다. 또한 하나님의 백성으로서 가져야 할 책임과 의무를 강조하며 이스라엘 백성이 회개하고 하나님께 돌아오면 구원을 받게 될 것이라고 전한다.

에스겔 34장 24-25절을 적어보세요.

(2) 새 성전에 대한 환상(40-48장)

에스겔은 하나님의 성전과 새 예루살렘에 대한 환상을 본 후 재건된 예루살렘 성전의 모습을 구체적으로 기록한다. 또한 제의의 중요성을 강조하며 새로운 성전에서 제의가 회복되면 이스라엘 공동체는 새롭게 회복될 것이라고 예언한다. 이러한 모든 일이 성취된 후, 야훼 하나님의 처소인 예루살렘은 '야훼 삼마(야훼께서 거기에 계시다)'라고 불리게 될 것이다.

NOTE

에스겔 48장 35절을 적어보세요.

6. 절대 긍정, 절대 감사 Point

1) 언약의 하나님에 대한 믿음

언약 백성인 이스라엘은 그 언약을 믿지 않고 범죄했다. 그럼에도 하나님은 자기 백성과의 언약을 기억하시어 그들을 구원해 주신다. 자신이 언약한 것은 반드시 이루시는 하나님이심을 알기에 우리는 그분에 대한 절대 긍정의 믿음을 가질 수 있다.

나는 언약의 하나님을 신뢰하고 있는지 그 믿음의 고백을 적어보세요.

2) 구원과 회복의 하나님

에스겔은 하나님이 죄를 미워하시는 분이지만, 죄를 회개하고 돌이키면 구원과 회복을 주시는 하나님이심을 선포한다. 그 구원과 회복은 사랑받을 자격 없는 죄인이라도 자기 백성을 사랑하는 하나님의 사랑에서 비롯되는 것이다. 우리를 향한 하나님의 그 무한한 사랑은 우리가 하나님께 절대 감사해야 하는 이유가 된다.

NOTE

죄인이었던 나를 구원해 주신 하나님의 은혜에 대한 감사의 내용을 적어보세요.

7. 과제

1) 하루에 에스겔서를 7장씩 읽으며 하나님의 말씀에 순종하기를 다짐해 보세요.

2) 에스겔서 강의를 통해 받은 감동과 깨달음을 적어보세요.

8. 장별 핵심 내용

NOTE

1-24장 예루살렘과 유다에 대한 심판 예언

1장 야훼의 보좌

2-3장 에스겔을 선지자로 부르고 보내심

4-5장 예루살렘 포위를 표현하는 상징행위, 좌우로 눕기, 인분으로 떡 구워 먹기, 머리털과 수염을 깎아 세 가지 방식으로 처리하기

6장 이스라엘의 우상숭배를 심판

7장 마지막 날

8장 성전 안의 우상숭배

9장 예루살렘을 향한 야훼의 분노

10장 성전을 떠난 야훼의 영광

11장 심판받은 예루살렘

12장 포로가 될 것을 나타내는 상징행위

13장 거짓 선지자와 예언자의 종말

14장 우상숭배를 심판하심

15장 불에 던질 땔감 같은 예루살렘 주민

16장 가증한 예루살렘

17장 독수리와 포도나무의 비유

18장 아버지의 죄악과 아들의 의

19장 다윗 왕가의 운명에 대한 애가

20장 광야 시절에 대한 회상

21장 의인과 악인에 대한 야훼의 칼

22장 풀무불에 들어간 이스라엘

23장 오홀리와 오홀리바의 행음

24장 불 가운데 있는 가마, 예루살렘

25-32장 이방 민족에 대한 예언

25장 암몬, 모압과 세일, 에돔과 블레셋이 받을 심판

26장 두로가 받을 심판

27장 두로에 대한 애가

28장 두로 왕과 시돈이 받을 심판

29-30장 애굽이 받을 심판 예언

31-32장 애굽에 대한 심판

33-48장 이스라엘의 구원과 회복

33장 파수꾼으로 위임받은 에스겔

34장 악한 목자와 착한 목자

35장 세일과 에돔에 대한 심판

36장 이스라엘이 받을 복과 정결하게 하심

37장 마른 뼈들의 소생에 대한 환상

38-39장 곡의 심판과 이스라엘의 회복

40-43장 하나님의 영광이 회복될 새 성전

44장 새 성전의 종들(레위인과 제사장들)

45장 땅의 분배와 군주들의 의무

46장 군주와 절기들

47-48장 땅의 분배

다니엘 *Daniel*

"다니엘과 세 친구를 통해 이방에 선포된 하나님의 절대 주권"

NOTE

1. 들어가며

다니엘서는 유다 백성이 바벨론에 포로로 끌려간 상황을 배경으로 하며, 역경 속에서도 온 세상의 통치자인 하나님을 믿는 신앙의 중요성을 강조한다. '하나님은 나의 심판자'라는 다니엘 이름의 뜻처럼, 이 책은 하나님의 종말론적 심판을 선포하며, 모든 열방과 역사를 주관하시는 하나님의 절대적인 주권을 드러낸다.

2. 한눈에 보기

다니엘서의 전반부는 다니엘과 세 친구가 바벨론 포로 생활 중에도 하나님에 대한 믿음을 지키는 모습을 담고 있다. 이는 이스라엘 백성에게 믿음과 순종의 본보기가 된다. 후반부는 종말에 대한 환상을 통해 하나님의 절대적인 통치와 구원의 계획을 보여주며, 미래에 대한 소망을 제시한다.

3. 중심 메시지

1) 하나님의 통치와 주권: 열국의 우상보다 뛰어나며 자기 백성인 이

NOTE

스라엘을 지키시는 분이 하나님이심을 보여준다. 세상의 시작과 끝을 주관하시는 분은 하나님이시며, 마지막에 승리하시는 분도 하나님이시다.

2) 믿음과 인내: 바벨론 포로 생활을 겪으며 하나님의 약속을 의심하고 절망하던 이스라엘 백성들에게 하나님이 세상 모든 역사의 주권자이심을 알린다. 하나님은 결코 자기 백성을 버리지 않으신다는 것을 깨닫게 함으로써 어떤 상황에서도 믿음으로 인내해야 함을 교훈한다.

3) 미래의 예언: 종말론적인 환상을 통해 미래의 일들을 예고한다. 이 예언들은 하나님의 계획이 이루어질 것임을 확신하게 하며 현재의 고난 속에서도 하나님을 신뢰하고 미래를 바라보며 살아가도록 격려한다.

4. 구조

구분	범위	주요 내용
다니엘에 관한 이야기	1-6장	느부갓네살왕, 벨사살왕, 다리오왕 치하의 다니엘
다니엘이 본 종말 환상	7-12장	벨사살왕 치하, 고레스왕 치하의 다니엘

5. 내용 분석

1) 다니엘 1-6장 | 다니엘에 관한 이야기

(1) 느부갓네살왕 치하 – 다니엘의 세 친구(1–4장)

바벨론에 포로로 끌려간 다니엘과 세 친구는 악이 가득한 궁전 안에서도 오직 하나님만 경외하며 믿음을 지킨다. 하나님은 다니엘을 통해 느부갓네살왕에게 바벨론의 멸망을 경고하신다. 하지만 느부갓네살왕이 회개하지 않자, 그는 7년간 정신병을 앓게 되고, 이후 하나님의 절

NOTE

대 주권을 인정하며 하나님의 위대하심을 찬양하게 된다.

다니엘 3장 28절을 적어보세요.

(2) 벨사살왕 치하 – 벽에 쓴 글씨(5장)

벨사살왕은 느부갓네살왕이 예루살렘 성전에서 가져온 그릇에 술을 부어 마시며 방탕한 밤을 즐긴다. 그때 사람의 손가락들이 나타나 벽에 글을 쓰는 기이한 일이 일어난다. 다니엘은 벽에 적힌 글을 해석하며 왕의 어리석음을 책망하고 그의 죽음을 예고한다. 그러나 벨사살왕은 하나님의 주권을 부정하고 교만한 태도를 버리지 않는다. 다니엘의 예언대로 그날 밤 벨사살왕은 갑작스럽게 죽음을 맞이한다.

다니엘 5장 23절을 적어보세요.

(3) 다리오왕 치하 – 사자 굴 속의 다니엘(6장)

다니엘은 다리오왕 시대에도 여전히 권력의 자리에 있었다. 이를 시기한 자들이 그를 모함하여 결국 다니엘은 사자 굴로 던져진다. 하지만 다니엘은 아무런 해도 입지 않았다. 하나님이 그의 믿음을 보시고 구원하셨기 때문이다.

NOTE

다니엘 6장 26-27절을 적어보세요.

2) 다니엘 7-12장 | 다니엘이 본 종말 환상

(1) 벨사살왕 치하(7–9장)

다니엘은 꿈에서 두 가지 환상을 본다. '네 짐승 환상'은 마지막 때에 일어날 일들을 나타내고, '숫양과 숫염소 환상'은 바벨론, 메대, 바사, 헬라 제국의 미래를 보여준다. 이 환상을 본 다니엘은 예레미야서에 예언된 70년 포로 생활이 끝나감을 깨닫고, 이스라엘 백성이 하나님께 범한 죄를 회개하며 간절히 기도한다. 이에 가브리엘 천사가 그 환상을 깨닫게 해주는데 그것은 바로 예루살렘의 재건이다.

다니엘 9장 19절을 적어보세요.

(2) 고레스왕 치하(10–12장)

다니엘은 고레스왕 제3년에 큰 전쟁에 대한 환상을 본 후 21일 동안 금식하며 기도한다. 그의 기도에 대한 응답으로 천사 가브리엘이 나타나 환상의 의미를 설명해준다. 이 환상은 제국들의 멸망과 마지막 때의 심판을 예언하며, 모든 역사를 주관하시는 하나님의 주권을 선포한다.

NOTE

다니엘 12장 3절을 적어보세요.

6. 절대 긍정, 절대 감사 Point

1) 시련을 이기는 믿음

사드락, 메삭, 아벳느고는 왕이 만든 금신상에 절을 하지 않으면 맹렬히 타는 풀무불 가운데 던져질 위기에 처했다. 그러나 그들은 전혀 두려워하지 않고 하나님이 자신들을 건져내 줄 것이라고 말하며 그리하지 않을지라도 왕이 세운 신상에 절을 하지 않겠다고 말했다. 이는 고난 속에서도 흔들리지 않는 절대 긍정의 믿음을 잘 보여준다.

시련이 올 때 절대 긍정의 믿음을 가지려면 무엇을 해야 할지 적어보세요.

2) 신실하신 하나님에 대한 감사

다니엘은 하나님께 기도하면 사자 굴에 던져진다는 것을 알면서도 예루살렘으로 향한 윗방 창문을 열고 전에 하던 대로 기도하며 하나님께 감사했다. 이처럼 우리도 모든 상황에서 하나님께 절대 감사의 마음으로 기도하면 하나님이 우리를 지키시고 보호하신다.

NOTE

신실하신 하나님에 대한 믿음과 감사의 내용을 적어보세요.

7. 과제

1) 하루에 다니엘서를 2장씩 읽으며 하나님을 신뢰하는 믿음을 갖도록 기도하세요.

2) 다니엘서 강의를 통해 받은 감동과 깨달음을 적어보세요.

NOTE

8. 장별 핵심 내용

1-6장 다니엘에 관한 이야기

느부갓네살왕 치하에서

1장 다니엘과 세 친구의 채식 사건

2장 바벨론 제국의 멸망에 대한 꿈 해석

3장 우상숭배를 이겨낸 다니엘의 세 친구

4장 큰 나무 꿈 해석과 하나님의 승리

벨사살왕 치하에서

5장 교만한 왕에 대한 하나님의 심판과 다니엘의 승리

다리오왕 치하에서

6장 다니엘의 믿음과 사자 굴에서의 승리

7-12장 다니엘이 본 종말 환상

벨사살왕 치하에서

7장 네 마리의 짐승 환상과 하나님의 심판

8장 숫양과 숫염소, 작은 뿔

9장 다니엘의 간절한 기도와 칠십 이레의 환상

고레스왕 치하에서

10장 큰 강 유프라테스에서의 다니엘의 지속적인 기도와 천사의 격려

11장 고레스왕 이후 헬라 제국의 분열과 이스라엘이 겪게 될 박해에 대한 예언

12장 대 환난, 부활과 심판, 3년 반, 다니엘을 향한 하나님의 최후의 명령

NOTE

호세아 *Hosea*

"이스라엘의 배신과 하나님의 끝없는 사랑 이야기"

NOTE

1. 들어가며

호세아서는 구약성경의 열두 소선지서 중 첫 번째 책이다. 이 책은 호세아 선지자가 남유다와 북이스라엘로 나뉜 지 200년 후, 앗수르에 의한 북이스라엘의 멸망을 앞둔 시기에 활동하며 기록한 예언서이다. 호세아서는 이스라엘의 죄에 대한 하나님의 심판을 선포하는 동시에 회복을 약속하시는 하나님의 사랑과 은혜를 강조한다.

2. 한눈에 보기

호세아는 하나님의 명령에 따라 음란한 여인 고멜과 결혼한다. 이 경험을 통해 하나님과 이스라엘 백성 간의 관계를 깊이 깨닫는다. 그는 하나님이 자기 백성을 얼마나 사랑하시며, 그들이 회개하고 돌아오기를 얼마나 기다리시는지를 자신의 삶을 통해 알게 된다. 이러한 깨달음을 통해 이스라엘 백성에게 하나님의 끊임없는 사랑과 회복의 약속을 예언한다.

3. 중심 메시지

NOTE

1) 이스라엘의 배신과 하나님의 심판: 이스라엘은 하나님과의 언약을 저버리고, 이방신을 섬기고 음행하는 죄를 지었다. 하나님은 호세아를 통해 이스라엘의 죄를 지적하시며, 그 죄로 인하여 그들이 심판받게 될 것이라고 경고하신다.

2) 하나님의 끝없는 사랑과 회복의 약속: 호세아서의 핵심은 하나님의 끝없는 사랑과 회복의 약속에 있다. 호세아는 이스라엘이 자신들의 죄를 회개하고 돌아올 때, 하나님이 그들을 다시 사랑하시고 회복시킬 것이라는 희망의 메시지를 전한다.

4. 구조

구분	범위	주요 내용
호세아와 고멜의 결혼 생활	1-3장	호세아의 결혼 생활과 이스라엘의 죄악 하나님의 회복 역사
이스라엘의 죄와 심판과 끝없는 하나님의 사랑	4-14장	이스라엘의 죄의 원인, 타락과 심판 이스라엘에 대한 회개 촉구와 회복 약속

5. 내용 분석

1) 호세아 1-3장 | 호세아와 고멜의 결혼 생활

(1) 호세아의 아내와 세 자녀(1:1–9)

호세아는 하나님의 명령에 순종하여 음란한 여자 고멜과 결혼했고 음란한 세 자녀를 낳는다. 이는 하나님께 행한 이스라엘의 죄악과 하나님의 심판을 말하기 위함이다.

NOTE

호세아 1장 2절을 적어보세요.

(2) 이스라엘의 회복(1:10-2:1)

하나님의 심판 이후, 유다 자손과 이스라엘 자손이 한 지도자를 세워 연합하며 번영을 누리게 된다. 그들은 다시 하나님의 백성으로 회복되어 "암미"(내 백성이다), "루하마"(긍휼히 여김을 받는 자)라고 불리게 된다.

호세아 1장 10절을 적어보세요.

(3) 이스라엘의 타락과 심판, 그리고 회복(2:2-3:5)

하나님은 이스라엘 가운데서 우상숭배와 음행을 제거하지 않으면 심판하신다고 말씀한다. 그래도 하나님은 이스라엘을 계속 사랑하셔서 위로하고 그들을 "내 백성"이라고 부르신다.

호세아 2장 23절을 적어보세요.

NOTE

2) 호세아 4-14장 | 이스라엘의 죄와 심판과 끝없는 하나님의 사랑

(1) 이스라엘의 죄와 심판의 원인(4:1-6:3)

이스라엘의 지도자들과 백성은 하나님을 버리고 우상을 섬기고 음행하여 심판을 받는다. 그러나 하나님은 자신을 배반한 그들에게 다시 한 번 기회를 주신다. 이에 이스라엘 백성은 "야훼를 알자 힘써 야훼를 알자"라고 노래하면서 일시적으로 회개한다.

호세아 6장 1절을 적어보세요.

(2) 이스라엘의 타락과 회개 촉구(6:4-10:15)

호세아는 이스라엘의 회개가 진실하지 못하다는 것을 지적하고, 그 시대의 왕들 대부분이 죽임당한 것은 그들의 죄악 때문임을 드러낸다. 이스라엘은 지도자들이 먼저 타락했기 때문에 이제 이스라엘의 멸망은 돌이킬 수 없게 되었다. 그럼에도 하나님은 이스라엘 백성에게 회개하고 야훼를 찾을 것을 요구하신다.

호세아 10장 12절을 적어보세요.

(3) 이스라엘에 대한 하나님의 변함없는 사랑(11:1-11)

이스라엘은 결국 앗수르의 지배를 받게 된다. 그러나 하나님은 자신의 백성에 대한 변함없는 사랑으로 그들을 완전히 멸망시키지 않으신다.

NOTE

호세아 11장 8절을 적어보세요.

(4) 이스라엘의 죄와 심판(11:12–13:16)

하나님은 여전히 신실하지 못한 에브라임(북이스라엘)과 유다(남유다)를 그들의 행위에 따라 공의로 심판하신다. 그럼에도 이스라엘을 사랑하셔서 그들이 회개하고 돌아올 수 있는 회복의 길을 열어두신다.

호세아 12장 5-6절을 적어보세요.

(5) 회개 촉구와 회복의 약속(14장)

호세아는 이스라엘이 하나님께 돌아와 수송아지 대신 입술의 열매, 즉 진실한 회개와 찬양의 고백을 드리라고 촉구한다. 하나님은 회개하는 이스라엘을 용서하시고 그들에게 회복을 약속하신다.

호세아 14장 4절을 적어보세요.

6. 절대 긍정, 절대 감사 Point

NOTE

1) 하나님과 우리의 관계

호세아서는 죄를 뉘우치는 회개와 하나님에 대한 신실한 믿음이 하나님과 우리의 관계에서 얼마나 중요한지를 깨닫게 한다. 우리는 고난 중에도 우리를 여전히 사랑하시는 하나님께 감사하며 믿음으로 살아야 한다.

하나님과 나와의 관계 회복을 위해 내가 할 수 있는 일을 적어보세요.

2) 하나님의 사랑과 용서

호세아서는 이스라엘의 배신에도 불구하고 끝까지 포기하지 않으시는 하나님의 사랑과 자비를 나타낸다. 마찬가지로, 하나님은 우리에게도 사랑과 자비를 베푸셔서 새로운 시작과 회복의 기회를 주신다. 우리는 하나님의 크신 사랑에 감사하며 절대 긍정의 믿음으로 매일 승리하는 삶을 살아야 한다.

지금도 여전히 날 사랑하시는 하나님의 사랑에 대한 믿음의 고백을 적어보세요.

NOTE

7. 과제

1) 하루에 호세아서를 2장씩 읽으며 하나님이 원하시는 믿음을 갖도록 기도 하세요.

2) 호세아서 강의를 통해 받은 감동과 깨달음을 적어보세요.

8. 장별 핵심 내용

NOTE

1-3장 호세아와 고멜의 결혼 생활

1:1-9 호세아의 아내와 세 자녀

1:10-2:1 이스라엘의 회복

2:2-3:5 이스라엘의 타락과 심판, 그리고 회복

4-14장 이스라엘의 죄와 심판, 그리고 끝없는 하나님의 사랑

4:1-6:3 이스라엘의 죄와 심판의 원인

6:4-10:15 이스라엘의 타락과 회개 촉구

11:1-11 이스라엘에 대한 하나님의 변함없는 사랑

11:12-13:16 이스라엘의 죄와 심판

14장 회개 촉구와 회복의 약속

요엘 *Joel*

"누구든지 야훼의 이름을 부르는 자는 구원을 얻으리라"

NOTE

1. 들어가며

요엘 선지자의 이름은 '야훼는 나의 하나님'이라는 뜻이다. 그의 이름처럼 요엘의 사역은 하나님의 주권과 신실함을 강조한다. 요엘이 활동했던 시기는 유다 백성들이 종교적, 경제적, 정치적으로 어려움을 겪고 있던 때였다. 그는 백성들이 겪는 고난이 그들 자신의 죄와 불순종에서 비롯된 것임을 밝히며, 다가올 '야훼의 날'을 대비하라고 경고한다. 아울러 진정한 회개를 통해 야훼께 돌아와 구원받을 것을 촉구한다.

2. 한눈에 보기

요엘서는 하나님의 심판과 회복의 메시지를 중심으로 전개된다. 1장에서 요엘은 불순종하는 유다 백성들에게 메뚜기 재앙을 언급하며 심판을 경고한다. 2장에서는 야훼의 날에 임할 심판을 선포하고, 심판을 면하기 위해 진정한 회개를 촉구한다. 동시에 회개로 인해 땅이 회복되고, 성령이 모든 사람에게 임할 것이라는 희망의 메시지를 전한다. 3장에서는 야훼의 날에 이루어질 이방 민족의 심판을 선포한다.

3. 중심 메시지

NOTE

1) 야훼의 날: 요엘 선지자는 다가올 하나님의 심판을 경고하며 유다 백성에게 야훼의 날을 준비할 것을 선포한다. 요엘은 메뚜기 재앙과 같은 구체적인 사건을 통해 하나님의 심판을 경고하면서도, 그들이 하나님의 자비와 회복의 약속을 기억하기를 요구한다.

2) 회개와 구원: 요엘은 유다 백성에게 '마음을 찢는' 참된 회개로 하나님께 돌아오라고 촉구하며, 야훼의 날에 하나님의 심판이 있지만, 회개하는 자에게는 회복과 구원의 약속이 있음을 전한다.

3) 성령 강림에 대한 약속: 요엘서에는 구약성경에서 최초로 성령이 모든 백성에게 임한다고 예언한다. 이 예언은 신약성경 사도행전의 오순절 날 성령 강림 사건과 연결된다. 베드로는 요엘서를 인용하여 성령 강림이 요엘 예언의 성취임을 선포한다.

4. 구조

구분	범위	주요 내용
야훼의 날	1:1-2:11	'야훼의 날'의 임박을 알리는 메뚜기 재앙
회개 촉구와 회복의 약속	2:12-32	유다의 진정한 회개에 대한 촉구 회복과 풍성한 수확의 약속 성령 강림과 남은 자의 구원
이방에 대한 심판과 유다의 구원	3장	이방에 대한 심판 두로와 시돈과 블레셋의 죄와 심판 최후의 전쟁과 최후의 심판 유다의 복

NOTE

5. 내용 분석

1) 요엘 1:1-2:11 | 야훼의 날의 징조인 메뚜기 재앙

요엘은 메뚜기 재앙이 유다 땅을 황폐하게 만드는 상황을 묘사한다. 이 재앙은 단순한 자연재해가 아니라 하나님의 심판으로 제시된다. 요엘은 이 재앙을 통해 유다 백성들이 자신의 죄악을 깨닫고 진정으로 회개하며 하나님께 돌아오기를 촉구한다.

요엘 1장 14절을 적어보세요.

....

....

Tip 요엘이 전하는 메뚜기 재앙의 의미

요엘은 1장에서 메뚜기 재앙을 사용하여 야훼의 날에 이루어질 상황을 선명하고 설득력 있게 묘사한다. 출애굽기의 열 가지 재앙에도 등장하는 메뚜기 떼의 습격은 농작물에 치명적이었다. 이러한 이해를 바탕으로 '심판의 날을 메뚜기 재앙으로 표현하는 것'은 그들에게 매우 효과적이다.

2) 요엘 2:12-32 | 회개 촉구와 회복의 약속

(1) 유다의 진정한 회개에 대한 촉구(2:12-17)

요엘은 유다 백성들에게 진정한 회개를 촉구하며, 금식일을 정하고 성회를 소집하여 하나님께 간절히 기도할 것을 권한다. 특히 제사장들에게 하나님의 긍휼을 간구하도록 요청한다. 요엘은 회개가 옷을 찢는 행위가 아닌 마음을 찢는 내면의 변화와 진정성을 요구한다고 강력히 선포한다.

NOTE

요엘 2장 13-14절을 적어보세요.

(2) 회복과 풍성한 수확의 약속(2:18-27)

요엘은 회개한 자들에게 회복의 약속을 전한다. 유다 백성이 철저하게 회개하자 하나님은 풍성한 농산물을 허락하시며 황폐했던 땅을 회복시키신다. 또한 다른 나라들로부터 더 이상 모욕당하지 않도록 하신다는 확실한 약속으로 응답하신다.

요엘 2장 26절을 적어보세요.

(3) 성령의 강림과 남은 자의 구원(2:28-32)

요엘은 성령이 모든 사람에게 보편적으로 임할 것이라고 예언한다. 성령의 임재로 인해 절망 가운데 있던 유다 백성들은 새롭게 소망과 꿈의 사람으로 변화될 것이다. 또한 "야훼의 크고 두려운 날"이 임할 때 누구든지 야훼의 이름을 부르는 자는 구원을 얻을 것이라고 선포한다.

요엘 2장 28절을 적어보세요.

NOTE

3) 요엘 3장 | 이방에 대한 심판과 유다의 구원

(1) 이방에 대한 심판과 두로, 시돈, 블레셋의 죄와 심판(3:1-8)

하나님은 사로잡혀 갔던 유다 백성들을 돌아오게 하시고 만국을 여호사밧 골짜기에 모아 심판하신다. 이어 하나님은 유다 백성에게 행했던 악행에 대해 두로, 시돈, 블레셋 등 이방 민족들에게 공의롭게 갚아 주신다.

요엘 3장 2절을 적어보세요.

(2) 최후의 전쟁과 최후의 심판(3:9-15)

하나님은 만국들을 불러 유다 백성을 공격하도록 허락하지만, 이는 단순히 유다 백성을 심판하거나 징계하는 것으로 끝나지 않는다. 궁극적으로 하나님의 공의로운 계획 안에서 자기 백성을 괴롭힌 적들을 심판하고 멸망시키기 위한 목적을 담고 있다.

요엘 3장 12절을 적어보세요.

(3) 유다의 복(3:16-21)

유다는 영원히 있고 예루살렘은 대대로 있을 것이다. 그러나 유다 자손을 괴롭히는 애굽과 에돔은 하나님의 심판으로 폐허가 될 것이다. 하나님은 유다가 그들로 인해 흘린 피를 기억하시며 공의롭게 그 대가를 갚아 주실 것을 약속하신다.

NOTE

요엘 3장 20-21절을 적어보세요.

6. 절대 긍정, 절대 감사 Point

1) 하나님의 심판과 회개

요엘의 선포처럼 우리는 옷을 찢는 것이 아니라, 마음을 찢고 하나님께 철저히 회개해야 한다. 이러한 마음의 변화가 하나님의 심판의 날을 준비하는 길이다. 회개는 죄의 고백으로 끝나지 않고, 하나님의 은혜를 깨달아 삶에서 절대 긍정과 절대 감사의 사람으로 변화되는 과정을 포함한다.

요엘서의 가르침과 같이 진정한 회개를 동반한 믿음의 고백을 적어보세요.

2) 구원의 하나님

야훼 하나님은 구원의 하나님이시다. 우리가 진심으로 회개하면 하나님이 우리를 구원하신다. 우리는 요엘서를 통해 하나님이 우리에게 베푸신 구원의 은혜와 자비를 기억하고, 그 은혜에 감사하며 하나님이 기뻐하시는 믿음의 삶을 살아가야 한다.

NOTE

궁휼과 자비로 날 구원하신 하나님의 은혜에 대한 감사의 내용을 적어보세요.

7. 과제

1) 요엘서를 읽으며 진정한 회개로 하나님이 원하시는 믿음을 갖도록 기도하세요.

2) 요엘서 강의를 통해 받은 감동과 깨달음을 적어보세요.

8. 장별 핵심 내용

NOTE

1:1-2:11 야훼의 날의 징조인 메뚜기 재앙

2:12-32 회개 촉구와 회복의 약속

2:12-17 유다의 진정한 회개에 대한 촉구

2:18-27 회복과 풍성한 수확의 약속

2:28-32 성령의 강림과 남은 자의 구원

3장 이방에 대한 심판과 유다의 구원

3:1-8 이방에 대한 심판과 두로, 시돈, 블레셋의 죄와 심판

3:9-15 최후의 전쟁과 최후의 심판

3:16-21 유다의 복

아모스 *Amos*

"오직 정의를 물 같이 공의를 마르지 않는 강같이 흐르게 하라"

NOTE

1. 들어가며

아모스서는 드고아의 목자 출신인 선지자 아모스에 의해 기록되었다. 그는 여로보암 2세가 통치하던 시기에 활동했다. 이 시기는 솔로몬 시대와 버금갈 만큼 경제적, 군사적으로 번영을 누리던 때였다. 그러나 북이스라엘은 사회적, 종교적으로 심각하게 타락한 상태였다. 이러한 상황에서 아모스는 이스라엘의 죄악을 책망하며 하나님의 심판이 임박했음을 경고한다. 동시에 회개를 통해 하나님께 돌아올 것을 촉구한다.

2. 한눈에 보기

아모스는 하나님의 음성을 듣고 북이스라엘의 중심지인 벧엘로 올라가 하나님의 말씀을 선포한다. 그는 먼저 주변 국가들에 대해 하나님의 심판을 예언한 후 유다와 이스라엘에 대한 심판을 예언한다. 아모스는 북이스라엘의 우상숭배, 가난한 자들에 대한 억압, 불의한 재판과 착취, 하나님의 말씀을 경시하는 영적 타락을 강력히 책망한다.

3. 중심 메시지

NOTE

1) 하나님의 심판: 아모스는 이방 민족들과 이스라엘 모두에게 하나님의 심판이 임박했음을 경고한다. 그는 하나님이 원하시는 것은 진정한 정의와 공의의 실천임을 강조한다.

2) 하나님의 구원: 아모스는 강력한 심판을 예언하면서도, 하나님의 회복과 구원의 약속이 있음을 강조한다. 북이스라엘이 회개하고 하나님께 돌아온다면 하나님이 그들을 용서하고 새로운 시작을 허락하신다는 메시지를 전한다.

4. 구조

구분	범위	주요 내용
이방 나라에 대한 하나님의 심판	1-2장	• 아모스의 소명과 이방 나라에 대한 심판 • 남유다와 북이스라엘에 대한 심판
북이스라엘의 죄와 하나님의 심판	3-6장	• 북이스라엘과 하나님의 특별한 관계와 심판의 불가피함 • 북이스라엘의 죄악과 심판 예고 • 여성들의 탐욕과 잘못된 성전 예배 • 이스라엘에 대한 탄식과 호소, 멸망 예언 • 지도자들과 부유한 자들의 불의에 대한 심판
북이스라엘의 심판 환상과 최종 심판선포	7:1-9:10	다섯 가지 환상과 심판
이스라엘의 회복에 대한 약속	9:11-15	다윗 왕국의 회복과 포로 귀환

NOTE

5. 내용 분석

1) 아모스 1-2장 | 이방 나라에 대한 하나님의 심판

(1) 아모스의 소명과 이방 나라에 대한 심판(1:1-2:3)

드고아의 목자 출신 아모스는 하나님의 부르심을 받아 선지자로 활동하며, 이방 나라, 남유다, 북이스라엘을 향해 예언한다. 아모스는 먼저 다메섹, 가사, 두로, 에돔, 암몬, 모압 등 주변 나라의 죄악을 지적하며 하나님의 심판을 예언한다.

아모스 1장 2절을 적어보세요.

(2) 남유다와 북이스라엘에 대한 심판(2:4-16)

아모스는 남유다와 북이스라엘의 죄악을 지적한다. 남유다와 북이스라엘은 하나님의 율법을 버리고 정의를 멀리하며, 가난한 자를 억압하고 우상숭배와 음란과 불의를 행한다. 아모스는 남유다와 북이스라엘에 대한 하나님의 심판을 예언하는데, 특히 북이스라엘에는 가장 가혹한 심판이 임할 것이라고 예언한다.

아모스 2장 4, 6절을 적어보세요.

2) 아모스 3-6장 | 북이스라엘의 죄와 하나님의 심판

NOTE

(1) 북이스라엘과 하나님의 특별한 관계와 심판의 불가피함(3:1-8)

아모스는 출애굽을 통해 하나님께 택함을 받았다고 자부하는 북이스라엘에게 심판을 피할 수 없음을 예언한다. 그는 택함을 받은 자에게는 특권만 있는 것이 아니라 책임도 있음을 지적하면서 범죄한 북이스라엘에게 하나님의 심판이 있다고 경고한다.

아모스 3장 1-2절을 적어보세요.

(2) 북이스라엘의 죄악과 심판 선언(3:9-15)

북이스라엘의 죄악은 사회적 무질서와 가난한 자들에 대한 학대이다. 그들은 약자들에게 폭력과 착취를 일삼고 하나님의 율법을 무시하며 불의를 행한다. 하나님은 이방 나라에게 북이스라엘의 죄악을 증거로 보여주며 심판을 선언하신다.

아모스 3장 9절을 적어보세요.

(3) 여성들의 탐욕과 잘못된 성전 예배(4:1-5)

사마리아의 부유한 여인들은 힘없는 자들을 학대하고 가난한 자들을 압제하며 사치를 즐긴다. 하나님은 이들의 죄악을 심판하겠다고 맹세하시고 이들이 포로로 끌려갈 것을 예언하신다. 또한 백성들의 형식적

NOTE

이고 위선적인 예배, 즉 사회적 불의를 외면한 예배는 죄를 더하는 일이라고 지적하신다.

아모스 4장 2절을 적어보세요.

(4) 이스라엘에 대한 탄식과 호소, 멸망 예언(4:6-5:27)

하나님은 그들이 하나님을 찾으면 산다고 거듭 권고하시며 회개의 기회를 주셨지만 북이스라엘은 끝내 하나님께 돌아오지 않는다. 아모스는 계속되는 불의와 헛된 예배, 우상숭배로 인해 결국 포로로 사로잡혀가게 될 것이라고 예언한다.

아모스 5장 24절을 적어보세요.

(5) 지도자들과 부유한 자들의 불의에 대한 심판(6장)

하나님은 북이스라엘의 교만과 불의, 사치스러운 생활을 강하게 책망하며, 심판이 임박했음을 경고하신다. 하지만 지도자들과 부자들은 여전히 백성들의 고통과 자신들의 불의함에 무관심하다. 하나님은 이들을 심판하시겠다고 선언하신다.

아모스 6장 8절을 적어보세요.

NOTE

3) 아모스 7:1-9:10 | 북이스라엘의 심판환상과 최종 심판선포

아모스는 다섯 가지 환상을 통해 북이스라엘의 멸망이 임박했음을 예언한다. 이에 아마샤 제사장이 아모스를 추방하려 하지만, 아모스는 자신이 하나님의 선지자임을 밝히며 하나님의 말씀을 전하는 일을 멈추지 않는다.

환상/심판		내용	하나님의 뜻
환상①	메뚜기 환상(7:1-3)	땅의 풀을 다 먹어 버림	심판의 뜻을 돌이키심
환상②	불 환상(7:4-6)	큰 바다를 삼키고 육지까지 먹으려 함	
환상③	다림줄 환상(7:7-9)	쌓은 담 곁에 주께서 손에 다림줄을 잡고 서셨음	심판
심판	아마샤의 박해와 심판(7:10-17)		
환상④	여름 과일 한 광주리 환상(8:1-3)	무르익은 여름 과일	임박한 심판
심판	이스라엘의 불의와 심판(8:4-14)		
환상⑤	부서지는 문지방 환상(9:1-6)	파괴되는 성전	철저한 심판
심판	공의로운 심판(9:7-10). 단, 야곱의 집은 완전히 멸하지는 않으신다.		

아모스 9장 8절을 적어보세요.

4) 아모스 9:11-15 | 이스라엘의 회복에 대한 약속

하나님은 심판 후에 이스라엘을 회복시키실 것을 약속하신다. 다윗의 무너진 장막 재건은 다윗 왕국의 회복과 언약의 성취를 상징한다. 이스라엘 백성은 하나님의 은혜로 포로 생활에서 돌아와 풍요로운 땅에서 살게 된다.

NOTE

아모스 9장 14절을 적어보세요.

6. 절대 긍정, 절대 감사 Point

1) 하나님이 원하시는 믿음

아모스가 활동하던 시기는 솔로몬 시절과 비견될 정도로 번영했던 시기였다. 그러나 그들은 풍요로움 속에서 오히려 하나님을 멀리했다. 풍요로운 이 시대에 사는 우리도 처음 받았던 은혜를 기억하며 더욱 신실한 믿음으로 하나님이 기뻐하시는 삶의 예배를 드려야 한다.

나는 하나님이 기뻐하시는 믿음의 삶으로 예배를 드리고 있는지 적어보세요.

2) 구원의 하나님

아모스서를 통해 우리는 하나님의 공의로운 심판을 볼 수 있다. 그러나 동시에 여전히 자기 백성을 사랑하시며 그들에게 회복과 구원의 약속을 주시는 하나님의 사랑을 깨달을 수 있다. 우리는 이스라엘 백성과 다르지 않았던 우리를 구원하시고 회복시켜주신 하나님의 은혜를 항상 기억하고 감사하는 삶을 살아야 한다.

NOTE

우리를 구원해 주신 하나님의 은혜에 대한 감사의 내용을 적어 보세요.

7. 과제

1) 하루에 아모스서를 2장씩 읽으며 하나님의 정의와 공의가 이 땅에서 이루어지도록 기도하세요.

2) 아모스서 강의를 통해 받은 감동과 깨달음을 적어보세요.

NOTE

8. 장별 핵심 내용

1-2장 이방 나라에 대한 하나님의 심판

1:1-2:3 아모스의 소명과 이방 나라에 대한 심판

2:4-16 남유다와 북이스라엘에 대한 심판

3-6장 북이스라엘의 죄와 하나님의 심판

3:1-8 북이스라엘과 하나님의 특별한 관계와 심판의 불가피함

3:9-15 북이스라엘의 죄악과 심판 선언

4:1-5 여성들의 탐욕과 잘못된 성전 예배

4:6-5:27 이스라엘에 대한 탄식과 호소, 멸망 예언

6장 지도자들과 부유한 자들의 불의에 대한 심판

7:1-9:10 북이스라엘의 심판환상과 최종 심판선포

9:11-15 이스라엘의 회복에 대한 약속

NOTE

오바댜 *Obadiah*

"하나님의 정의, 심판, 구원"

NOTE

1. 들어가며

오바댜서는 '야훼의 종', '야훼를 예배하는 자'라는 뜻으로 예루살렘에 돌아온 '남은 자'들에 대한 이야기다. 구약에서 가장 짧은 책으로 유다가 완전히 멸망한 주전 586년 이후에 활동한 오바댜 선지자에 의해 기록되었다.

2. 한눈에 보기

오바댜는 에돔의 심판과 유다의 구원이라는 두 가지 주제를 다룬다. 오바댜는 '뿌린 대로 거둔다'는 인과응보의 원칙이 개인뿐만 아니라 모든 민족에게도 적용된다는 점을 강조한다. 유다에 대한 하나님의 약속은 심판 이후의 회복과 영화로움으로 이어진다.

3. 중심 메시지

1) 인과응보: 하나님께 반항하는 자, 곧 그의 백성을 괴롭히는 오만한 자는 멸망 당하나 온유하고 겸손한 자는 멸망하지 않는다. 이는 '네가 행한 대로 너도 받을 것'이며, '네가 행한 것이 네 머리로 돌아갈 것'이

NOTE

라고 말하는 인과응보의 원칙이다. 결국 하나님이 다스리는 이 땅은 온유하고 겸손한 하나님의 자녀들이 차지하게 될 것이다.

2) 하나님의 공의: 열방들이 처음에는 유다를 멸하기 위한 징벌의 도구로 사용되었지만, 그들도 나중에는 멸망의 대상이 된다. 이는 유다에게 잔혹하게 행동했던 에돔을 가만두지 않으시고 심판하신다는 것이다. 한때 크게 쓰임 받았다고 영원한 것은 아니다. 그러므로 쓰임 받을 때 교만해지지 않아야 함을 가르친다.

4. 구조

구분	범위	주요 내용
에돔의 멸망	1:1-14	에돔의 멸망의 도래와 심판 이유
유다의 회복	1:15-21	야훼의 날

5. 내용 분석

1) 오바댜 1:1-14 | 에돔의 멸망

(1) 에돔의 멸망의 도래(1:1–9)

하나님은 교만한 에돔을 끌어내어 심판하신다. 에돔은 높은 바위 틈에 자리 잡고 스스로 난공불락이라 여겼지만 그들이 의지했던 동맹국들이 적으로 돌아서서 침략을 당해 완전히 수탈당한다.

오바댜 1장 3절을 적어보세요.

NOTE

(2) 에돔의 심판 이유(1:10–14)

야곱이 재앙을 당할 때 에돔은 이방인들과 함께 이를 방관하고 기뻐한다. 그뿐만 아니라 적극적으로 살상과 약탈에 가담하여 야곱의 고통을 가중한다.

오바댜 1장 10절을 적어보세요.

2) 오바댜 1:15-21 | 유다의 회복

야훼께서 모든 민족을 심판하시는 날, 에돔은 열방과 함께 그들이 행한 악행의 대가를 치르게 되며 결국 멸망하게 된다. 그날 구원받은 자들은 시온산으로 피하여 에서의 산(세상의 나라)을 심판하게 된다. 그래서 이전에 빼앗겼던 나라의 영토가 다시 회복되어 온전히 야훼께 속하게 될 것이다.

오바댜 1장 21절을 적어보세요.

6. 절대 긍정, 절대 감사 Point

1) 온유와 겸손의 삶

오바댜서는 하나님의 백성을 괴롭히는 오만한 자는 하나님의 심판을 피할 수 없지만, 온유하고 겸손한 자는 하나님의 은혜와 축복을 얻게 된다는 사실을 보여준다. 우리도 이웃을 대할 때 우리에게 베풀어주신 하나님의 은혜에 감사하며, 온유와 겸손으로 사랑과 배려를 실천해야 한다.

NOTE

온유와 겸손의 삶을 살기 위해 우리가 실천해야 할 구체적인 행동은 무엇인지 적어보세요.

2) 하나님의 신실하심을 믿고 나아가는 삶

하나님은 열방을 도구로 사용하여 유다를 징벌하였지만 결국 유다를 괴롭힌 교만한 열방들은 멸망의 대상이 될 것을 가르친다. 우리가 하나님의 신실하심을 신뢰하고 절대 긍정의 믿음으로 나아갈 때 하나님은 결코 우리를 실망시키지 않으신다.

하나님의 신실하심을 믿고 나아가기 위해 우리가 실천해야 할 구체적인 행동은 무엇인지 적어보세요.

7. 과제

1) 오바댜서를 읽으며 하나님의 말씀에 순종하기를 다짐해 보세요.

2) 오바댜서 강의를 통해 받은 감동과 깨달음을 적어보세요.

NOTE

8. 장별 핵심 내용

1장 에돔에 대한 심판 선고와 심판 이유 그리고 유다의 구원

NOTE

요나 *Jonah*

"니느웨로 가서 내가 네게 명한 바를 그들에게 선포하라"

NOTE

1. 들어가며

요나서는 요나에 의해 기록되었으며, 그의 이름은 '비둘기'를 의미한다. 요나는 구약에서 최초로 이방 국가에 파송된 선지자이다. 그는 경제적으로는 번성했지만, 사회와 종교가 모두 타락했던 여로보암 2세 통치 기간에 활동했다. 요나서는 하나님의 구원이 이스라엘 민족을 넘어 이방인들에게까지 확장되는 보편성을 강조한다.

2. 한눈에 보기

요나는 니느웨로 가서 회개의 메시지를 전하라는 하나님의 명령을 거부하고 도망가다가 물고기 뱃속에 들어가게 된다. 하나님은 회개하는 요나를 용서하고 그에게 다시 사명을 감당할 기회를 주신다. 요나가 니느웨에 가서 심판이 임박했음을 선포하자 그들은 겸손히 회개했고 하나님은 그들을 용서하신다. 하나님은 박넝쿨을 통해 요나에게 니느웨 백성은 진노의 대상이 아니라 구원의 대상임을 깨닫게 하신다.

3. 중심 메시지

NOTE

1) 하나님의 주권: 하나님이 모든 자연과 사건을 주관하시는 절대적인 주권자이심이 강조된다. 폭풍과 물고기, 식물과 벌레까지 모두 하나님의 명령에 따라 움직인다. 이는 하나님이 모든 피조물에 대한 주권을 가지고 계심을 보여준다.

2) 회개의 중요성: 니느웨 사람들과 요나는 모두 하나님의 자비와 구원의 은혜를 체험하고 회개한다. 요나서는 회개의 중요성을 강조하며 회개가 하나님의 긍휼과 구원을 불러오는 중요한 요소임을 상기시킨다.

3) 하나님의 자비와 구원: 요나가 니느웨의 용서를 못마땅해했던 태도는 하나님의 보편적인 사랑과 대비된다. 하나님의 자비와 구원은 인간의 편견이나 민족적 경계를 초월한다.

4. 구조

구분	범위	주요 내용
다시스로 향한 요나	1-2장	요나의 도망과 징계 요나의 간구와 응답
니느웨로 돌아간 요나	3-4장	요나의 선포와 회개 요나의 분노와 하나님의 교훈

5. 내용 분석

1) 요나 1-2장 | 다시스로 향한 요나

(1) 요나의 도망과 징계(1장)

하나님은 요나에게 니느웨로 가서 그들의 악행을 경고하라고 명령하신다. 요나는 하나님의 명령을 거부하고 욥바로 내려가 다시스로 가는

NOTE

배를 탄다. 바다에 큰 폭풍이 일어났고, 폭풍이 일어난 원인이 자신이라는 것을 알게 된 요나는 자기를 바다에 던지라고 한다. 바다에 던져진 요나는 큰 물고기에게 삼켜진다.

요나 1장 2절을 적어보세요.

(2) 요나의 간구와 응답(2장)

요나는 물고기 뱃속에서 하나님께 기도하며 자신의 죄를 회개하고 하나님의 구원을 간구한다. 하나님은 물고기에게 명하여 요나를 육지에 토해내게 하시어 요나를 살려주신다.

요나 2장 1-2절을 적어보세요.

2) 요나 3-4장 | 니느웨로 돌아간 요나

(1) 요나의 선포와 회개(3장)

하나님은 다시 요나에게 니느웨로 가서 회개의 메시지를 전하라고 명령하신다. 요나는 니느웨로 가서 하나님의 심판을 경고한다. 요나의 경고를 들은 니느웨 사람들은 회개하며 금식하고 하나님께 자비를 간구한다. 하나님은 니느웨 사람들의 회개를 보시고 그들에게 내리려던 재앙을 거두신다.

요나 3장 9-10절을 적어보세요.

(2) 요나의 분노와 하나님의 교훈(4장)

요나는 니느웨가 멸망하지 않은 것에 대해 불만을 품고 하나님께 항의한다. 하나님은 박넝쿨과 벌레를 통해 요나에게 하나님의 자비와 긍휼은 이스라엘뿐만 아니라 모든 민족과 모든 피조물까지 확장된다는 것을 교훈하신다.

요나 4장 10-11절을 적어보세요.

6. 절대 긍정, 절대 감사 Point

1) 하나님의 보편적인 사랑

요나서는 하나님의 주권, 회개와 구원, 자비와 긍휼, 인간의 이기심과 하나님의 보편적 사랑을 다룬다. 요나서를 통해 우리는 하나님의 뜻에 절대 긍정의 마음으로 순종하며, 이웃에게 하나님의 사랑을 전하는 삶을 살아, 하나님을 믿는 자로서 사랑의 본을 보여야 한다.

하나님의 사랑을 전하는 삶을 살기 위해서 무엇을 해야 하는지 적어보세요.

NOTE

2) 죄에 대한 회개와 구원하심에 감사

요나서는 회개가 하나님의 자비와 구원을 받는 중요한 요소임을 강조한다. 요나서를 통해 하나님의 자비와 구원의 은혜를 깨달은 우리는 죄를 회개하고, 죄인인 나를 구원하신 그 은혜를 기억하며 항상 감사하는 삶을 살아가야 한다.

회개의 고백과 함께 날 구원하신 하나님의 은혜에 감사하는 내용을 적어보세요.

7. 과제

1) 요나서를 읽으며 나에게 베푸신 하나님의 자비와 은혜에 감사하며 기도하세요.

2) 요나서 강의를 통해 받은 감동과 깨달음을 적어보세요.

8. 장별 핵심 내용

NOTE

1-2장 다시스로 향한 요나

1장 요나의 도망과 징계

2장 요나의 간구와 응답

3-4장 니느웨로 돌아간 요나

3장 요나의 선포와 회개

4장 요나의 분노와 하나님의 교훈

미가 *Micah*

"인애의 하나님, 주와 같은 신이 어디 있으리이까"

NOTE

1. 들어가며

미가는 요담, 아하스, 히스기야 시대에 남유다에서 활동한 선지자로, 그의 이름은 '누가 야훼와 같은가?'라는 뜻이다. 미가서는 심판과 소망의 메시지를 담고 있다. 미가는 당시 사회적 불의와 변질된 종교 행위를 비판하며, 이스라엘과 유다에 임할 하나님의 심판을 선포한다. 또한 심판 후에 있을 구원과 회복, 메시아의 탄생을 예언한다.

2. 한눈에 보기

미가가 활동하던 당시 사회는 불의와 폭력이 만연하고 우상숭배와 음행을 비롯한 여러 가지 죄악이 행해졌다. 죄로 만연한 사회를 바로잡아야 할 지도자들조차 죄악에 깊이 얽혀 있었다. 이러한 상황 속에서 미가는 하나님이 심판을 내리시는 이유 중 하나가 바로 지도자들의 죄악 때문임을 강조하며 회개를 촉구한다. 또한 다윗 언약의 성취와 함께 메시아 왕국의 도래를 예언하며 절망 속에서도 희망을 전한다.

3. 중심 메시지

NOTE

1) 하나님의 심판: 미가는 하나님의 심판에 대해 경고하며 심판이 임할 수밖에 없는 이유를 밝힌다. 그는 이스라엘이 그들의 죄로 인해 심판을 받게 될 것을 선언한다. 죄는 결국 멸망에 이르게 하며 그 마지막 대가는 하나님의 심판이다. 거룩하고 공의로우신 하나님은 죄에 대해 분노하고 진노하시며 이를 반드시 심판하신다.

2) 남은 자의 구원: 자기 백성에게 구원을 베푸시겠다는 하나님의 의지에는 변함이 없다. 심판의 때에 하나님은 흩어져 있는 신실한 남은 자들을 모아 그들을 구원하고 회복하실 것이다. 미래의 심판주로 오실 메시아 예수 그리스도는 평강의 나라를 세우고 땅끝까지 통치하시며 그의 백성을 안전하게 보호하고 지키실 것이다.

3) 정의와 긍휼과 믿음: 종교 생활과 의식은 있으나 하나님을 향한 진실함이 없었던 이스라엘에게 미가는 그들이 따라야 할 윤리적인 삶의 기준을 제시한다. 하나님은 자기 백성이 정의를 행하고 자비와 사랑을 베풀며 겸손하게 하나님과 동행하는 삶을 살기를 원하신다.

4. 구조

구분	범위	주요 내용
이스라엘과 유다에 대한 하나님의 심판	1-3장	사마리아의 멸망, 임박한 심판, 장래 구원의 약속, 유다 지도층들의 죄와 심판
미래의 구원	4-5장	미래에 있을 평화의 나라, 포로귀환, 메시아의 탄생, 남은 자의 구원, 최후의 심판
하나님의 경고와 희망	6-7장	하나님의 경고, 불의한 현실에 대한 탄식, 이스라엘의 회복

NOTE

5. 내용 분석

1) 미가 1-3장 | 이스라엘과 유다에 대한 하나님의 심판

(1) 임박한 심판의 계시(1–2장)

미가는 우상숭배로 인해 사마리아와 예루살렘에 임할 하나님의 심판을 선포하며, 여러 성읍에 재난이 닥칠 것을 애통해한다. 그는 또한 백성을 착취하는 권력자들과 죄악에 빠진 백성들을 두둔하는 거짓 예언자들의 죄를 지적한다. 그러나 심판의 메시지를 전하면서도 하나님이 포로 생활 이후 이스라엘의 남은 자를 모아 회복시키실 것이라는 희망적인 미래를 예언한다.

미가 1장 3절을 적어보세요.

(2) 지도층들에 임할 심판(3장)

미가는 백성을 압제하고 악행을 일삼는 지도자들에게 심판이 임할 것을 경고한다. 또한 백성을 잘못된 길로 인도하는 거짓 선지자들에게도 심판이 임할 것을 선언한다. 그러나 영적으로 어리석고 무지한 그들은 하나님이 자기들을 지키시므로 여전히 안전하다고 생각한다. 이에 대해 미가는 그들에게 반드시 임할 심판을 다시 한번 선포한다.

미가 3장 4절을 적어보세요.

2) 미가 4-5장 | 미래의 구원

NOTE

(1) 하나님이 이루실 평화와 포로 귀환(4장)

미가는 구원의 메시지를 선포한다. 죄악으로 인해 심판받아 완전히 파괴될 시온은 끝날에 이르러 야훼의 말씀과 율법으로 가득한 곳이 될 것이다. 하나님은 각처에 흩어진 남은 자들을 모으시고 평화와 공의로 통치하실 것이다. 또한 자기 백성이 세상 나라와의 싸움에서 능히 승리하게 하실 것이다.

미가 4장 5절을 적어보세요.

(2) 메시아의 탄생과 최후 심판(5장)

미가는 유다가 곧 바벨론의 침략으로 환난을 당할 것을 예언하면서도 그들 가운데 소망이 있음을 전한다. 그 소망은 메시아의 탄생이다. 베들레헴에서 태어날 메시아는 그의 백성을 모든 대적의 손에서 구원하며, 평강의 나라를 세우고 다스리실 것이다. 하나님은 모든 우상을 제거하시어 이스라엘을 온전하게 하시고, 끝까지 자기를 거역하는 자들에게는 진노와 분노로 갚으실 것이다.

미가 5장 2절을 적어보세요.

NOTE

3) 미가 6-7장 | 하나님의 경고와 희망

(1) 하나님의 경고(6장)

하나님은 이스라엘에게 베푸신 은혜를 상기시키고 진정한 회개와 믿음 없이 형식적인 제물만 드리는 그들의 위선을 꾸짖으신다. 하나님이 진정으로 원하시는 것은 정의를 행하고 인자를 사랑하며 겸손하게 하나님과 동행하는 삶이다. 그러나 이스라엘은 불의한 재물, 강포와 거짓, 우상숭배 등의 죄악으로 가득 차 있었기 때문에 하나님의 심판은 필연적이다.

미가 6장 8절을 적어보세요.

(2) 미가의 탄식(7:1–7)

미가는 부패한 백성을 보며 탄식한다. 그는 세상 가운데 경건한 자와 정직한 자를 찾아볼 수 없게 되었음을 한탄하며, 지도자들의 거짓과 부패로 형벌이 임할 것을 경고한다. 또한 자기 이익만을 중요시하여 서로 간에 불신이 커지는 사회가 될 것에 애통해한다.

미가 7장 1절을 적어보세요.

NOTE

(3) 이스라엘의 회복(7:8–20)

미가는 이스라엘이 죄로 인해 심판받지만, 빛이신 하나님이 자기 백성과 그 나라를 어두운 데에서 끌어내실 것을 희망한다. 무너진 예루살렘의 성벽이 재건되고 성읍의 지경이 넓어져 많은 사람이 몰려와도 넉넉히 받아들일 수 있을 것이라고 예언한다. 미가는 인애를 기뻐하시며 자기 백성의 죄를 용서하시고 구원을 베푸실 하나님을 찬양한다.

미가 7장 18절을 적어보세요.

6. 절대 긍정, 절대 감사 Point

1) 하나님께 소망을 두는 삶

하나님은 노를 오래 품지 않으시고 우리의 죄와 허물을 용서하시며 인애와 긍휼을 베푸신다. 그러므로 우리가 진심으로 회개할 때 하나님은 우리의 죄악을 깊은 바다에 던져 다시는 기억하지 않으신다. 우리는 아무리 절망적인 상황에 처하더라도 절대 긍정의 믿음으로 하나님께 소망을 두고 살아가야 한다.

오직 하나님께만 소망을 두고 살아가기 위해 내 삶에서 변화되어야 할 부분이 무엇인지 적어보세요.

NOTE

2) 정의와 긍휼을 실천하는 삶

하나님은 우리가 형식적인 신앙생활이 아닌 정의와 긍휼을 실천하며 겸손하게 하나님과 동행하며 살아가기를 원하신다. 우리는 하나님이 우리를 자녀 삼아주신 것에 항상 감사하며, 그에 합당한 공의롭고 이웃과 사회에 긍휼을 베푸는 삶을 살아가야 한다.

나의 삶에서 정의와 긍휼을 실천하기 위해 어떤 노력이 필요한지를 적어보세요.

7. 과제

1) 하루에 미가서를 1장씩 읽으며 하나님의 말씀에 순종하기를 다짐해 보세요.

2) 미가서 강의를 통해 받은 감동과 깨달음을 적어보세요.

8. 장별 핵심 내용

NOTE

1-3장 이스라엘과 유다에 대한 심판

1장 임박한 심판에 대한 계시

2장 심판의 이유

3장 유다 지도자들의 죄와 심판

4-5장 회복과 구원의 말씀

4장 시온의 영광과 회복

5장 메시아의 나라

6-7장 경고와 은혜의 메시지

6장 하나님의 책망과 경고

7:1-7 불의한 현실에 대한 탄식

7:8-20 구원과 회복

나훔 *Nahum*

"니느웨를 심판하여 고통당한 남유다를 위로하시는 하나님"

NOTE

1. 들어가며

나훔의 이름은 '야훼의 위로자'라는 의미를 가지고 있다. 이는 니느웨의 멸망이 남유다에게 위로를 준다는 나훔서의 주제와 잘 연결된다. 이 예언시는 남유다의 가장 큰 압제자였던 앗수르의 수도 니느웨의 몰락을 선포하는 시이다. 기록 목적은 니느웨의 멸망을 선포하신 하나님이 온 세상의 주권자이심을 알게 하고, 오랫동안 고통당한 남유다 백성에게 위로와 희망을 전하는 것이다.

2. 한눈에 보기

요나 선지자가 활동할 당시, 멸망을 선고받았던 니느웨는 진심으로 회개하여 하나님의 은혜로 심판을 면했다. 하지만 시간이 지나면서 그들은 이전보다 더 교만하고 포악한 삶으로 돌아갔다. 이에 하나님은 나훔을 통해 니느웨에 대한 심판을 선포하신다. 이 심판은 당시 앗수르에게 억압받던 남유다 백성들을 위로하고 하나님이 세상의 통치자이심을 확실하게 알게 한다.

3. 중심 메시지

NOTE

1) 하나님의 심판: 니느웨는 요나 선지자가 활동하던 시대에 하나님의 은혜를 체험했음에도 이전보다 더 타락하고, 하나님을 고의로 거역한다. 또한 하나님의 백성 남유다에게 극심한 고통을 준다. 하나님은 악하고 무자비한 니느웨를 향해 심판을 선포하셨고 속히 멸망시키신다.

2) 하나님의 통치: 하나님이 일하시면 앗수르와 같은 당대 최고의 힘을 가진 국가도 무너질 수 있다는 것을 보여 준다. 모든 나라와 민족은 창조주 하나님의 주권과 통치하심을 인정해야 한다.

3) 위로하시는 하나님: 하나님이 앗수르의 침략과 포악한 통치로 인해 오랫동안 고통당한 남유다를 위로하고자 하셨음을 보여 준다. 하나님은 니느웨를 심판하시고 완전히 멸망시키심으로 남유다 백성들을 압제의 고통에서 해방해 주신다.

4. 구조

구분	범위	주요 내용
니느웨를 향한 하나님의 진노	1장	하나님의 성품, 니느웨를 향한 하나님의 진노
니느웨에 대한 하나님의 심판	2장	니느웨의 멸망, 황폐해진 니느웨
니느웨가 멸망당한 이유	3장	니느웨의 멸망 원인, 심판의 필연성

NOTE

5. 내용 분석

1) 나훔 1장 | 니느웨를 향한 하나님의 진노

(1) 니느웨에 보복하시는 하나님(1:1-11)

나훔이 활동하던 시기에 니느웨는 요나 시대에 하나님의 은혜로 심판을 면했던 사실을 잊어버리고 이전보다 더욱 교만하여 심각한 죄악 가운데 빠진다. 이러한 타락으로 인해 니느웨는 이제 피할 수 없는 하나님의 심판을 선고받는다. 하나님은 나훔을 통하여 니느웨의 멸망을 심판하시고 그 이름을 영원히 지워버리겠다고 선포하신다.

나훔 1장 2절을 적어보세요.

(2) 다가오는 남유다의 회복(1:12-15)

하나님은 니느웨의 통치가 끝난 후 유다에 아름다운 소식과 화평이 전해지게 될 것이라고 약속하신다. 악한 자에 대한 하나님의 심판은 단순한 징벌이 아니라, 의로운 자에게 베푸는 구원이기도 하다. 이를 통해 하나님은 자기 백성 남유다를 니느웨의 압제에서 구원하시고 오랜 고통 속에서 신음하던 그들을 위로하신다.

나훔 1장 15절을 적어보세요.

2) 나훔 2장 | 니느웨에 대한 하나님의 심판

NOTE

(1) 공격받는 니느웨(2:1-9)

하나님은 니느웨의 멸망이 곧 남유다의 회복을 의미한다고 말씀하신다. 남유다를 약탈하고 압제했던 니느웨는 멸망하지 않으려고 안간힘을 쓰지만 파괴자들의 공격을 막을 수는 없다. 결국 니느웨의 성문은 열리고 왕궁은 파괴되며, 앗수르의 왕후는 수치를 당하게 된다.

나훔 2장 8절을 적어보세요.

(2) 폐허가 된 니느웨(2:10-13)

온 세상의 통치자이신 하나님이 니느웨의 대적이 되셔서 심판하시므로 니느웨는 공허하고 황폐하게 된다. 하나님에 대해 교만하고 주변 나라를 포악하게 압제했던 앗수르 제국은 이제 완전히 멸망한다.

나훔 2장 13절을 적어보세요.

3) 나훔 3장 | 니느웨가 멸망 당한 이유

(1) 니느웨가 멸망 당한 이유(3:1-11)

니느웨는 자신들이 지배한 민족에게 악행과 약탈을 끊임없이 행한다. 또한 그들의 외교적 책략은 마술에 가까울 정도로 능숙하여 여러

NOTE

나라의 사람들을 미혹하고 음행하게 한다. 하나님이 앗수르의 수도 니느웨를 심판하신 이유는 바로 이와 같은 그들의 죄악 때문이다.

나훔 3장 1절을 적어보세요.

(2) 니느웨에 대한 조롱(3:12-19)

나훔은 니느웨 성읍이 철저한 방어 태세를 갖춘다 해도 하나님의 심판을 피할 수 없다고 선언한다. 나훔의 예언에 따라 니느웨는 멸망하고, 그동안 니느웨의 압제와 포악을 당한 나라의 사람들은 이 소식을 듣고 손뼉을 치며 니느웨를 조롱한다.

나훔 3장 19절을 적어보세요.

6. 절대 긍정, 절대 감사 Point

1) 사랑과 공의의 하나님에 대한 믿음

나훔서는 하나님이 사랑의 하나님이신 동시에 공의의 하나님이심을 보여준다. 이는 우리에게 하나님의 말씀에 어떻게 반응해야 하는지 알게 한다. 어떠한 상황에서도 우리는 사랑과 공의를 행하시는 하나님을 신뢰하며 절대 긍정의 믿음으로 하나님의 뜻에 따라 살아야 한다.

NOTE

사랑과 공의의 하나님을 신뢰하며 믿음으로 살아가려면 어떻게 해야 할지 적어보세요.

2) 위로의 하나님에 대한 감사

우리 각자가 처한 어려움 가운데서도 하나님을 믿고 기도할 때, 하나님은 우리를 위로하시며 권능으로 모든 문제를 해결해 주신다. 삶의 문제와 어려움이 다가와도 우리를 사랑하사 도우시고 위로하시는 하나님을 신뢰하며 기도로 나아갈 때 우리는 절대 감사의 고백을 하게 될 것이다.

우리를 도우시고 위로하시는 하나님에 대한 신뢰와 감사의 내용을 적어보세요.

7. 과제

1) 나훔서를 읽으며 하나님을 신뢰하는 믿음을 갖도록 기도하세요.

2) 나훔서 강의를 통해 받은 감동과 깨달음을 적어보세요.

NOTE

8. 장별 핵심 내용

1장 니느웨를 향한 하나님의 진노

1:1-11 니느웨에 보복하시는 하나님

1:12-15 다가오는 남유다의 회복

2장 니느웨에 대한 하나님의 심판

2:1-9 공격받는 니느웨

2:10-13 폐허가 된 니느웨

3장 니느웨의 멸망

NOTE

하박국 *Habakkuk*

"의인은 믿음으로 말미암아 살리라"

NOTE

1. 들어가며

하박국은 남유다에서 활동한 선지자이다. 이 책은 바벨론 제국이 남유다를 위협하는 상황에서 유다 백성들이 겪고 있던 혼란과 그들의 불의함을 배경으로 한다. 또한 악인이 세상에서 득세하고 승리하는 것처럼 보여도 여전히 세상을 다스리고 주관하는 분은 하나님이심을 알게 해준다.

2. 한눈에 보기

하박국서는 하박국이 하나님께 드린 두 가지 질문으로 시작된다. 첫 번째 질문은 '왜 악인들은 번성하게 두시고, 의인들은 고통받게 두시는가?'이고, 두 번째 질문은 '왜 더 악한 바벨론을 사용하여 유다를 심판하시는가?'이다. 하나님은 악인이 결국 심판받으며, 하나님의 공의가 반드시 실현된다고 답변하신다. 이 응답을 통해 하박국은 모든 것이 하나님의 계획 안에 있음을 깨닫고 고난 속에서도 하나님을 찬양한다.

3. 중심 메시지

NOTE

1) 사랑과 공의의 하나님: 하박국서는 하나님이 침묵하시는 것처럼 보이는 상황에서도 하나님은 죄를 미워하시며 반드시 공의로 심판하신다는 것을 보여준다. 더불어 하나님이 사랑하는 자와 교제하고 대화하시는 인격적인 분임을 드러낸다.

2) 믿음으로 사는 의인: 하박국서의 핵심 구절은 "의인은 그의 믿음으로 말미암아 살리라"(합 2:4)이다. 이는 신약성경에서 중요한 신학적 토대로 사용된다. 이 구절은 어떤 상황에서도 사랑과 공의의 하나님을 절대 신뢰하는 믿음의 중요성을 강조한다.

4. 구조

구분	범위	주요 내용
불의에 대한 하박국의 질문	1장	하박국의 질문과 하나님의 답변
하나님의 응답과 신뢰 회복	2장	바벨론에 대한 심판과 조롱의 노래
하박국의 기도와 찬양	3장	야훼의 현현과 하박국의 찬양

5. 내용 분석

1) 하박국 1장 | 불의에 대한 하박국의 질문

(1) 하박국의 첫 번째 질문(1:1–4)

하박국은 유다의 죄악이 만연한 상황에서 하나님께 간절히 부르짖으며, 왜 하나님이 이 악에 대해 침묵하시고 의인을 구원하지 않으시는지 질문한다.

NOTE

하박국 1장 2절을 적어보세요.

(2) 하나님의 첫 번째 답변(1:5-11)

하나님은 죄악으로 가득 찬 유다를 심판하기 위해 사납고 성급한 민족인 갈대아 사람, 곧 바벨론을 일으키셨다고 응답하신다.

하박국 1장 6절을 적어보세요.

(3) 하박국의 두 번째 질문(1:12-17)

하박국은 거룩하신 하나님께 유다의 불순종을 징계하시기 위해 유다보다 더 악한 바벨론을 도구로 사용하시는 것이 공의로운 일인지 질문한다.

하박국 1장 13절을 적어보세요.

2) 하박국 2장 | 하나님의 응답과 신뢰 회복

NOTE

(1) 하박국의 기다림과 하나님의 두 번째 답변(2:1-4)

하박국의 두 번째 질문에 대한 대답으로 하나님이 주신 묵시를 책에 기록하여 읽을 수 있게 하라고 명령하신다. 하나님은 악인으로 인해 세상이 혼란해도 "의인은 그의 믿음으로 말미암아 살리라"라고 말씀하신다.

하박국 2장 4절을 적어보세요.

(2) 바벨론에 대한 심판과 조롱의 노래(2:5-20)

바벨론에게 억눌리는 민족들은 조롱하는 말로 바벨론의 여러 범죄행위를 책망한다. 여기서 책망을 받는 행위들은 "화 있을진저"라는 형식의 말씀으로 다섯 가지가 언급된다.

하박국 2장 10절을 적어보세요.

3) 하박국 3장 | 하박국의 기도와 찬양

(1) 야훼의 현현(3:1-15)

하박국은 하나님이 진노 중에라도 긍휼을 잊지 않으시기를 간구한다. 또한 하나님은 악인을 진노로 심판하시고, 자기 백성과 기름 부은

NOTE

자를 구원하실 분이심을 찬양한다.

하박국 3장 13절을 적어보세요.

(2) 하박국의 찬양(3:16-19)

하박국은 묵시로 인해 두려워 떤다. 그가 기다리는 바벨론의 심판은 하나님이 바벨론을 통해 이스라엘을 심판하신 이후에 이루어질 것이기 때문이다. 하지만 그는 하나님의 공의와 이스라엘의 구원을 확신하고, 구원의 하나님을 찬양한다.

하박국 3장 17-18절을 적어보세요.

6. 절대 긍정, 절대 감사 Point

1) 놀라운 역사를 이루시는 하나님

하나님은 우리의 이해를 초월하여 자신의 계획을 이루어가신다. 현실이 우리의 기대와 다를지라도 믿음의 눈으로 하나님의 일하심을 바라볼 때, 우리는 모든 상황에서 하나님의 신실하심을 믿고 감사할 수 있다.

NOTE

어떤 상황에서도 실수가 없는 하나님에 대한 믿음과 감사의 내용을 적어보세요.

2) 의인은 그의 믿음으로 말미암아 살리리

의인은 하나님의 말씀이 성취되는 때를 기다리고, 하나님을 신뢰하며 절대 긍정의 믿음으로 살아가는 사람이다. 이러한 믿음을 가질 때 근심, 두려움, 절망이 '희망과 소망'으로 바뀐다. 우리는 하박국서를 통해 하나님의 사랑과 공의를 이해하고 절대 긍정의 믿음으로 살아가야 한다.

하나님을 절대 신뢰하는 믿음으로 살고 있는지 돌아보고, 믿음의 고백을 적어보세요.

7. 과제

1) 하박국서를 읽으며 하나님을 신뢰하는 믿음을 갖도록 기도하세요.

2) 하박국서 강의를 통해 받은 감동과 깨달음을 적어보세요.

NOTE

8. 장별 핵심 내용

1장 불의에 대한 하박국의 질문

1:1-4 하박국의 첫 번째 질문

1:5-11 하나님의 첫 번째 답변

1:12-17 하박국의 두 번째 질문

2장 하나님의 응답과 신뢰 회복

2:1-4 하박국의 기다림과 하나님의 두 번째 답변

2:5-20 바벨론에 대한 심판과 조롱의 노래

3장 하박국의 기도와 찬양

3:1-15 야훼의 현현

3:16-19 하박국의 찬양

NOTE

스바냐 *Zephaniah*

"회개하고 야훼께 돌아오라. 그가 구원하실 것이다."

NOTE

1. 들어가며

스바냐서는 남유다 요시아왕 통치 초기에 기록된 예언서다. 당시 남유다는 우상숭배와 도덕적 부패로 인해 영적으로 타락했다. 이런 상황에서 스바냐는 하나님의 심판이 임박했음을 경고하며 회개하고 하나님께 돌아오는 자들은 구원받는다는 메시지를 전한다.

2. 한눈에 보기

요시야왕 통치 기간에 유다 백성은 우상숭배에 빠져 심각하게 타락한다. 이에 스바냐는 온 땅과 유다와 주변 국가와 예루살렘과 모든 나라에 대한 심판의 때인 '야훼의 날'을 선포한다. 심판이 끝난 후 스바냐는 '회복'을 선언하며 모든 민족과 유다 백성 가운데 남은 신실한 자들을 향한 하나님의 구원을 선포한다.

3. 중심 메시지

1) 야훼의 날: 야훼의 날은 악인은 심판을 받고 의인은 구원받는 날이다. 스바냐는 그날에 하나님의 심판이 어떻게 임할 것인지 경고하고,

NOTE

그 심판을 피할 수 있는 유일한 길은 회개와 하나님께 돌아오는 것이라고 선포한다.

2) 유다와 이방 민족에 대한 심판: 사랑과 공의의 하나님이 행하시는 심판은 모든 민족에게 공평하게 적용된다. 니느웨의 멸망은 당시 가장 강력한 제국이라고 할지라도 하나님의 심판 앞에서는 아무런 힘을 발휘할 수 없음을 상징적으로 보여준다.

3) 회개와 구원의 약속: 하나님은 회개한 자들에게 새로운 시작과 구원의 기회를 주신다. 우리가 하나님께 돌아갈 때 우리는 하나님의 무한한 사랑과 자비를 경험하며 참된 회복과 소망을 누리게 된다.

4. 구조

구분	범위	주요 내용
야훼의 날에 임할 심판	1-2장	남유다와 이방 나라들에 임할 심판
	3:1-8	예루살렘에 임할 심판
야훼의 날에 임할 구원	3:9-20	남은 자의 구원과 미래에 임할 하나님의 나라

5. 내용 분석

1) 스바냐 1-2장 | 야훼의 날에 임할 심판

(1) 유다의 심판(1:1–13)

스바냐는 불순종하는 유다 백성이 심판받을 '야훼의 날'이 임박했음을 선포한다. 그날에 하나님은 하나님을 무시하며 악을 행한 방백들과 왕자들, 이방의 풍습을 따르던 자들, 거짓으로 사람을 억압한 자들을 심판하신다.

NOTE

스바냐 1장 6절을 적어보세요.

(2) 야훼의 날에 임할 하나님의 진노와 회개의 권고(1:14-2:3)

스바냐는 야훼의 날이 분노의 날이요, 환난과 고통의 날이라고 선포한다. 그는 백성들에게 야훼의 날이 이르기 전에 회개할 것을 촉구하며, 의인들에게는 이날에 대비하여 진심으로 야훼를 찾고 겸손하게 살아갈 것을 권면한다.

스바냐 2장 3절을 적어보세요.

(3) 이방 나라들에 임할 심판(2:4-15)

스바냐는 유다 주변 나라들과 예루살렘에 대한 심판을 예언한다. 이방 민족들은 교만하여 하나님을 무시했고, 하나님의 백성들에게 우상숭배를 강요하며 그들을 오랫동안 억압하고 괴롭혔다.

스바냐 2장 10-11절을 적어보세요.

2) 스바냐 3장 | 야훼의 날에 임할 구원

NOTE

(1) 예루살렘에 임할 심판(3:1–8)

스바냐가 예루살렘의 죄를 낱낱이 열거하며 지적한다. 하나님이 다른 민족들을 심판하시는 것을 보고도 죄를 깨닫지 못하는 예루살렘이 받을 형벌을 선포한다.

스바냐 3장 7절을 적어보세요.

(2) 미래에 임할 하나님의 나라(3:9–20)

하나님은 심판의 도구로 삼으신 다른 민족들을 변화시켜 하나님께 경배를 드리게 하신다. 예루살렘과 유다도 변화시켜 심판의 원인이 되었던 교만한 자들을 그들 중에서 제거하신다. 하나님은 회개한 자들을 새롭게 하시며 그들에게 구원의 길을 열어주겠다고 약속하신다.

스바냐 3장 17절을 적어보세요.

6. 절대 긍정, 절대 감사 Point

1) 하나님의 심판과 회개

스바냐는 죄의 심각성을 일깨우며, 회개하지 않을 경우 하나님의 심판이 임할 것이라고 강력하게 경고한다. 또한 도덕적 삶의 중요성과 회

NOTE

개의 필요성을 강조하고, 하나님의 은혜와 구원의 약속을 믿고 따를 것을 촉구한다. 우리는 하나님의 말씀에 자신을 비추어 보아 회개하고 믿음으로 순종하여 하나님의 뜻대로 살아야 한다.

나의 신앙과 삶을 돌아보고 회개할 점을 적어보세요.

2) 구원의 하나님

스바냐서에서 하나님은 악인에게는 심판을, 의인에게는 구원을 약속하신다는 메시지를 준다. 스바냐서를 통해 깨달은 하나님의 공의와 자비를 기억하고, 그 은혜에 항상 감사하는 믿음의 사람이 되어야 한다.

나를 구원하신 하나님의 은혜에 대한 감사의 고백을 적어보세요.

7. 과제

1) 스바냐서를 읽으며 죄에서 벗어나 하나님이 원하시는 믿음을 갖도록 기도하세요.

2) 스바냐서 강의를 통해 받은 감동과 깨달음을 적어보세요.

8. 장별 핵심 내용

NOTE

1-2장 야훼의 날에 임할 심판

1:1-13 유다의 심판

1:14-2:3 야훼의 날에 임할 하나님의 진노와 회개의 권고

2:4-15 이방 나라들에 임할 심판

3장 야훼의 날에 임할 구원

3:1-8 예루살렘에 임할 심판

3:9-20 미래에 임할 하나님의 나라

학개 *Haggai*

"성전의 재건, 회복의 시작"

NOTE

1. 들어가며

학개서는 선지자 학개에게 임한 네 번의 말씀이 기록되어 있다. 학개는 주전 520년경 예루살렘에서 활동한 예언자다. 포로에서 돌아온 유다 백성은 성전 재건을 시작했지만 경제적 빈곤과 정치적 혼란으로 인해 건축을 중단한다. 학개는 유다 총독 스룹바벨, 대제사장 여호수아, 그리고 백성들에게 예루살렘 성전 재건의 필요성을 강조한다.

2. 한눈에 보기

성전 재건이 중단되는 동안 유다 백성은 힘든 시기를 보낸다. 이때 하나님은 학개를 부르시어 어려운 현실을 해결할 방법으로 성전 재건을 말씀하신다. 학개는 스룹바벨과 여호수아에게 말씀을 전하고 온 백성에게도 순종을 촉구함으로 성전 재건을 시작한다. 하나님은 성전을 재건하는 백성을 격려하시고 그들에게 성결함으로 건축에 임할 것을 요구하신다. 또한 스룹바벨에게 약속을 주심으로 그들에게 소망을 주신다.

NOTE

3. 중심 메시지

1) 인생의 우선순위: 학개는 유다 백성이 어려움을 겪는 이유가 성전 재건에 대한 과업을 소홀히 했기 때문이라고 말한다. 하나님의 백성은 언제나 하나님의 일을 인생의 우선순위로 삼아야 한다.

2) 순종과 수고: 유다 백성은 하나님의 말씀에 순종한다. 하나님은 성전 재건을 결심한 백성과 함께 있을 것을 약속하신다. 성전 재건은 그냥 이루어진 것이 아니라 백성의 순종과 수고와 땀의 결과이다.

4. 구조

구분	범위	주요 내용
성전 재건 촉구	1장	성전 건축 재개에 대한 독려, 백성들의 반응
재건될 성전의 영광	2:1-9	예언자의 격려, 미래의 영광에 대한 약속
불결에 대한 경고와 회복에 대한 약속	2:10-19	부정함에 대한 경고, 성전 건축 격려, 복에 대한 약속
스룹바벨에 대한 약속	2:20-23	하나님의 인장 스룹바벨

5. 내용 분석

1) 학개 1장 | 성전 재건 촉구

(1) 성전 건축 재개에 대한 독려(1:1-11)

첫 귀환자 무리가 주전 536년에 고국에 도착한 후 성전 재건을 시작했지만, 백성들의 생계와 정치적인 혼란으로 공사가 중단된다. 약 16년이 지난 후 학개가 등장해 유다 총독 스룹바벨과 대제사장 여호수아에게 성전 재건을 촉구한다. 그는 백성들이 열심히 일해도 여전히 궁핍한 이유는 하나님의 성전이 황폐해 있음에도 불구하고 자신들의 생계만 우선시했기 때문임을 일깨운다.

NOTE

학개 1장 4-5절을 적어보세요.

(2) 백성들의 반응(1:12–15)

이스라엘 백성은 하나님의 말씀에 순종하여 성전을 재건하기로 결심한다. 하나님은 그들과 함께하시겠다고 약속하며 그들을 격려하신다. 하나님이 모든 이들의 마음을 감동하게 하시므로 다리오 왕 제2년 여섯째 달 이십사일에 공사가 재개된다.

학개 1장 12절을 적어보세요.

2) 학개 2:1-9 | 재건될 성전의 영광

(1) 학개의 격려(2:1–5)

성전 재건이 시작된 지 한 달도 채 되지 않았을 때 학개는 두 번째로 하나님의 말씀을 받는다. 당시 백성들은 눈 앞에 보이는 성전이 솔로몬 성전과 비교했을 때 상대적으로 초라하고 보잘것없어 보여서 실망한다. 그러나 학개는 스룹바벨과 여호수아를 향해 하나님의 영이 함께하시니 두려워하지 말고 성전 재건을 멈추지 말 것을 격려한다.

NOTE

학개 2장 5절을 적어보세요.

(2) 미래의 영광에 대한 약속(2:6–9)

새건될 성전은 외형적으로 솔로몬의 성전에 비해 허술하다. 그러나 학개는 이 성전을 통해 나타날 하나님의 영광은 지극히 위대할 것이라고 선포한다. 하나님은 장차 만국을 심판하시고 만국의 보배가 이르러 재건된 성전에 야훼의 영광이 충만하게 될 것을 약속하신다. 특히 재건된 성전의 나중 영광이 이전 성전의 영광보다 더 클 것이며, 그 성전에 평강을 주시겠다고 말씀하신다.

학개 2장 9절을 적어보세요.

3) 학개 2:10-19 | 불결에 대한 경고와 회복에 대한 약속

(1) 부정에 대한 경고(2:10–14)

성전 건축이 재개된 지 약 3개월 후 학개는 하나님의 명령을 따라 제사장들에게 율법에 관해 묻는다. 그 질문은 성물과 부정한 것이 전염성을 지니는지에 대한 것이었다. 제사장들은 성물과 달리 부정한 것은 전염성이 있다고 대답한다. 이를 통해 학개는 우상숭배하는 사마리아 사람들의 부정함이 유다 백성에게도 전염될 수 있음을 지적한다.

NOTE

학개 2장 14절을 적어보세요.

(2) 격려의 메시지(2:15–19)

하나님은 백성에게 성전 건축 이전을 되돌아보라고 말씀하신다. 학개는 신명기에 기록된 저주의 말씀을 인용하며 과거 백성들이 재앙을 경험했음에도 하나님께 돌아오지 않았던 것을 상기시킨다. 그러나 성전 재건에 순종한 백성에게는 미래에 풍요와 축복이 보장된다. 이러한 약속을 통해 학개는 백성에게 성전 재건의 동기를 부여하고 공사를 계속할 수 있도록 격려한다.

학개 2장 19절을 적어보세요.

4) 학개 2:20-23 | 스룹바벨에 대한 약속

하나님은 학개를 통해 스룹바벨에게 말씀하신다. 야훼의 날에 하나님은 스룹바벨을 세우시고 자신의 인장으로 삼으실 것이다. 이는 하나님의 약속이 반드시 이루어질 것에 대한 확증을 의미한다. 하나님은 여호야긴에 대한 저주를 거두고, 스룹바벨을 통해 다윗 왕가를 다시 옛 자리로 돌려놓으실 것이다. 스룹바벨은 메시아가 오실 일에 대한 보증이 된다.

학개 2장 23절을 적어보세요.

6. 절대 긍정, 절대 감사 Point

1) 우선순위를 지키는 삶

유다 백성이 하나님의 성전보다 자신들의 생계를 우선시한 결과는 빈궁함이었다. 우리의 우선순위는 하나님이 되어야 한다. 하나님을 향한 절대 긍정의 믿음으로 그분을 높이는 일을 우선순위에 두면 하나님이 우리의 삶을 주관하시고 모든 문제를 책임져주신다.

하나님을 우선순위에 두는 삶을 살기 위해 무엇을 결단해야 할지를 적어보세요.

2) 말씀에 순종하는 삶

하나님은 말씀에 순종하여 성전을 재건하는 유다 백성을 향해 그들과 함께하실 것을 약속하신다. 그리고 그들이 받을 복과 미래에 있을 성전의 영광 또한 약속하신다. 이처럼 순종은 복의 통로이다. 어떠한 상황에서도 감사함으로 하나님의 말씀에 순종한다면 하나님은 우리를 통해 일하시고 복된 삶으로 인도하실 것이다.

NOTE

하나님의 말씀에 순종하며 살아가기 위해 어떤 노력이 필요한지 적어보세요.

7. 과제

1) 학개서를 읽으며 하나님의 말씀에 순종하기를 다짐해 보세요.

2) 학개서 강의를 통해 받은 감동과 깨달음을 적어보세요.

8. 장별 핵심 내용

NOTE

1-2장 성전 재건

1장 성전 재건 명령과 성전 건축의 시작

2:1-9 성전이 누릴 미래의 영광

2:10-19 불결에 대한 경고와 회복에 대한 약속

2:20-23 스룹바벨에 대한 하나님의 약속

스가랴 *Zechariah*

"성전 재건 촉구와 메시아 예언"

NOTE

1. 들어가며

스가랴서는 포로기 이후 백성들을 향한 하나님의 메시지이다. 학개와 스가랴는 동시대 인물로 다리오왕 때에 서로 힘을 합쳐 성전 건축을 독려한다. 스가랴의 사역은 학개의 사역이 시작된 지 2개월 후인 주전 520년에 야훼의 말씀이 임함으로 시작된다. 스가랴는 베레갸의 아들이며 잇도의 손자인 동시에 레위인이다. 그는 포로 생활에서 예루살렘으로 귀환한 5만 명 중 한 사람으로 이 책의 저자이다.

2. 한눈에 보기

예루살렘으로 귀환하여 성전을 재건하던 이스라엘 백성들은 이방인들의 방해로 성전 건축을 중단한다. 그 결과 많은 이들은 좌절하여 성전 재건에 대한 의욕을 상실한다. 이에 스가랴는 학개와 함께 백성을 깨우쳐 성전 재건을 독려한다. 성전 재건을 직접 촉구했던 학개와는 달리 스가랴는 회개와 영적인 개혁을 촉구한다.

3. 중심 메시지

1) 회개: 스가랴는 이스라엘 백성들에게 바벨론 포로 생활을 상기시키며 회개를 촉구한다. 그들을 포로로 삼거나 속박하는 것은 쇠사슬이나 감옥이 아니라 그들이 범했던 죄였다. 이미 옛 선지자들을 통해 하나님의 말씀이 선포되었으나 백성들은 불순종하며 회개하지 않았다. 이에 스가랴는 회개하여 주께 돌아와 오직 하나님만을 섬기는 것이 생명의 길임을 선포한다.

2) 메시아의 오심: 하나님은 영원하시고 전능하신 분이다. 특별히 선택한 백성을 끝까지 지키시고 사랑하는 분이시다. 스가랴는 하나님이 다스리는 그 나라, 즉 승리와 영광으로 가득 찬 모습의 메시아 왕국을 미리 선포하며 이스라엘 백성들에게 기대와 소망을 심어준다.

4. 구조

구분	범위	주요 내용
성전 재건 전의 메시지	1:1-6	회개와 순종의 촉구
성전 재건 중의 메시지	1:7-8:23	스가랴의 환상들, 금식에 관한 질문과 대답
성전 재건 후의 메시지	9-14장	미래에 대한 경고

5. 내용 분석

1) 스가랴 1:1-6 | 성전 재건 전의 메시지

다리오왕 제2년 8월(주전 520년 10월 중순부터 11월 중순)에 스가랴에게 야훼의 말씀이 임한다. 스가랴는 이스라엘 백성들에게 조상들이 저지른 악한 행위에서 떠나 야훼께 돌아오길 촉구한다.

NOTE

NOTE

스가랴 1장 3절을 적어보세요.

2) 스가랴 1:7-8:23 | 성전 재건 중의 메시지

(1) 스가랴의 환상들(1:7–6:15)

환상	제목	내용	상징
첫 번째	붉은 말을 탄 사람 (1:8-17)	• 화석류나무 사이에 선 붉은 말을 탄 사람 • 천사의 선포	• 하나님이 이스라엘을 괴롭힌 열국을 심판 • 예루살렘 성전의 재건 • 시온의 위로와 축복
두 번째	네 뿔과 네 공장 (1:18-21)	• 네 뿔 • 네 대장장이	• 유다와 이스라엘을 흩어버린 네 뿔 • 세력들을 넘어뜨렸고 넘어뜨릴 민족들
세 번째	측량줄을 잡은 사람 (2장)	• 측량줄을 잡은 천사와 선지자의 예루살렘 성전에 대한 대화	• 예루살렘의 확장을 통해 드러나는 예루살렘의 번영과 안전 • 성전 건축의 시작과 이스라엘 백성과 이방 나라들이 하나되어 하나님의 백성이 됨
네 번째	대제사장 여호수아 (3장)	• 죄사함을 받은 여호수아가 지도자로서 하나님의 명령과 약속을 받음	• 대제사장 여호수아의 죄의 용서와 직책의 보증 • 예루살렘에 대한 하나님의 사랑과 심판 이후의 긍휼
다섯 번째	순금 등잔대 (4장)	• '등잔'의 불이 꺼지지 않도록 기름을 저장한 '주발'에서 기름을 공급함 • '주발'의 기름이 떨어지지 않도록 좌우편의 감람나무가 계속 기름을 공급함	• 성전 건축의 어려움에도 불구하고 성령의 능력으로 스룹바벨이 성전을 재건하리라는 하나님의 약속 • 두 감람나무는 정치적 지도자 스룹바벨과 대제사장 여호수아를 가리키며, 후자가 전자와 같은 위치에 있다는 것을 보여줌

NOTE

환상	제목	내용	상징
여섯 번째	날아가는 두루마리 (5:1-4)	• 하나님께 범죄한 자는 두루마리(율법)에 기록된 대로 형벌을 받음	• 성전 재건 사업도 중단된 어려운 경제적 여건에서 도적질과 재판 과정에서 위증의 위험이 많았을 것이고, 이러한 범죄에 대해 하나님께서 심판하심을 보여줌
일곱 번째	에바와 여인 (5:5-11)	• 악의 상징인 여인이 유다에서 곡식되는 말로 사용되는 에바 속에 갇혀 추방됨	• 죄의 양을 상징하는 에바와 죄의 뿌리인 악을 상징하는 여인이 하나님을 대적하는 모든 반역의 상소인 시날땅으로 옮겨져서 제거됨을 보여줌
여덟 번째	네 병거 (6:1-8)	• 보좌로부터 네 종류의 말들이 이끄는 네 병거가 나가 온 사방을 두루 다님	• 온 세계로 흩어진 하나님의 백성을 고국으로 데려오기 위한 하나님의 계획이 실현되고 있음을 상징적으로 나타냄
결론	여호수아의 면류관 (6:9-15)	• 여호수아에게 면류관이 씌워지는 까닭은 왕과 제사장되는 '싹'이라 이름하는 사람이 야훼의 전을 건축하며 먼 곳의 사람도 함께 이에 동참할 것임	• 여호수아가 메시아의 예표로 왕관을 받고 성전건축의 명령을 받음 • 사람들의 기대와 달리 스룹바벨이 사라졌고 스룹바벨을 대신하여 야훼의 전을 건축할 다른 '싹'이 올 것에 대한 기대를 보여줌

스가랴 3장 13절을 적어보세요.

(2) 금식에 관한 질문과 스가랴의 대답(7–8장)

① 금식에 관한 질문과 순종의 촉구(7장)

벧엘 사람들이 제사장과 선지자들에게 매년 5월에 행했던 금식을 계속해야 하는지 질문한다. 하나님은 기존의 금식이 하나님을 위한 금식이 아니라 자신들의 소원을 이루기 위한 금식이었음을 지적하며 책망

NOTE

하신다. 스가랴는 과거에 이스라엘 백성이 불순종하여 재앙을 당한 것임을 지적하며 이제라도 순종할 것을 촉구한다.

② 미래의 예루살렘 구원(8장)

야훼가 시온으로 돌아와 예루살렘에 거하실 때 예루살렘은 다시 번영하게 될 것이다. 그날에 야훼는 자신의 백성을 구원하시고 그들은 하나님의 백성이 되며 하나님은 그들의 하나님이 되실 것이다.

스가랴 8장 8절을 적어보세요.

3) 스가랴 9-14장 | 성전 재건 후의 메시지

(1) 도래할 왕과 이스라엘과 유다의 구원(9-11장)

하나님의 심판으로 인해 이방 도시들은 정복당하고 이방의 압제자들인 목자들과 그들을 지지하는 자들인 숫염소들은 모두 벌을 받는다. 그러나 이스라엘을 지키시는 하나님은 유다 족속과 요셉 족속을 무장시키시고 그들을 구원하여 본토로 돌아오게 하신다.

(2) 예루살렘을 위한 전쟁과 열방의 순례(12-14장)

마지막 때에 하나님을 신뢰하는 백성은 결국 승리하게 되는데 이때 하나님은 하나님의 영을 통하여 메시아를 배척하고 죽인 자들을 뉘우치게 하고 애통하게 하신다. 그날에 죄와 더러움을 씻는 샘이 열리며 삼분의 일의 남은 자들은 불에 던져져 연단의 시험을 받는다. 결국 야훼의 날에 이방 나라는 심판을 당하고 예루살렘은 구원의 완성을 누린다.

스가랴 14장 9절을 적어보세요.

6. 절대 긍정, 절대 감사 Point

1) 잃어버린 신앙을 회복하는 삶

스가랴는 조상들의 잘못된 행위와 불순종을 지적하며, 백성들에게 다시 야훼께 돌아와 오직 하나님만 섬길 것을 촉구한다. 우리가 눈물로 회개하고 모든 일에 감사하며 하나님만을 섬길 때 우리의 신앙은 새롭게 회복될 것이다.

신앙을 회복하기 위해 실천해야 할 구체적인 행동은 무엇인지 적어보세요.

2) 꿈과 희망을 갖는 삶

스가랴는 하나님이 언약을 기억하신다는 것을 백성들에게 알려주고 메시아의 오심과 그분이 다스리는 왕국의 도래를 예언한다. 이를 통해 스가랴는 백성들이 절망에서 희망으로 새로운 꿈과 목표를 갖도록 한다. 하나님이 우리와 함께하신다는 언약을 기억하고 절대 긍정의 믿음으로 다시 오실 주님을 바라보며 살아갈 때 우리에게 꿈과 희망이 있다.

NOTE

꿈과 희망을 품고 살기 위해 우리가 실천해야 할 행동은 무엇인지 적어보세요.

7. 과제

1) 하루에 스가랴서를 2장씩 읽으며 하나님의 말씀에 순종하기를 다짐해 보세요.

2) 스가랴서 강의를 통해 받은 감동과 깨달음을 적어보세요.

8. 장별 핵심 내용

NOTE

1:1-6 회개와 순종의 촉구

1:7-6:15 소위 스가랴의 여덟 가지 밤 환상

1:7-17 붉은 말을 탄 사람 환상

1:18-21 뿔 넷과 대장장이 넷 환상

2장 척량 줄을 잡은 사람 환상

3장 내세사상 여호수아 환상

4장 순금 등대 하나와 감람나무 두 그루 환상

5:1-14 날아가는 두루마리 환상

5:5-11 에바 속의 여인 환상

6장 네 병거 환상

7-8장 소위 금식에 관한 설교

7장 금식보다 청종, 옛 조상들의 불순종과 하나님의 진노

8장 예루살렘과 유다의 회복

9-11장 이방 민족들에 대한 심판과 하나님의 백성의 회복

9장 이웃 나라들의 심판, 시온의 회복(9-10절: 메시아 왕국)

10장 자기 백성을 이끌고 오시는 하나님

11장 못된 목자들에 대한 심판(소위 목자에 관한 설교)

12-14장 예루살렘의 구원과 야훼의 날의 약속

12장 열국의 공격으로부터 예루살렘을 지키실 야훼, 찔려 죽은 자에 대한 통곡

13장 예루살렘의 정결

14장 예루살렘의 고난과 회복

말라기 *Malachi*

"하나님의 사랑, 회복을 위한 경고와 약속"

NOTE

1. 들어가며

말라기서는 구약성경의 마지막 책으로, 이스라엘 백성에게 하나님의 사랑과 심판, 그리고 미래의 회복에 대한 메시지를 전한다. 말라기 시대는 성전 재건 이후 영적 무기력과 타락이 만연했던 시기이다. 이런 영적 침체 속에서 말라기는 하나님의 절대적인 사랑을 상기시키며, 그 사랑 안에서 회개하고 순종할 것을 촉구한다. 동시에 미래에 오실 메시아를 통해 궁극적인 회복이 이루어질 것을 예언한다.

2. 한눈에 보기

말라기서는 하나님과 이스라엘 백성 간의 대화 형식으로 구성되어 있다. 하나님은 백성들의 불신앙과 죄악을 책망하며, 제사장들과 백성들에게 순종과 회개를 촉구하신다. 이 책은 형식적인 예배, 불성실한 헌물, 하나님에 대한 불만족, 이혼과 불의, 십일조를 무시하는 죄악 등을 지적하며 회개를 강조한다. 또한 미래의 심판과 회복의 날, 메시아의 도래를 통해 하나님의 구속 계획이 성취될 것을 예언한다.

3. 중심 메시지

NOTE

1) 하나님의 사랑과 선택: 말라기는 하나님의 변함없는 사랑을 강조하며, 이스라엘이 하나님께 선택받은 백성임을 상기시킨다. 그러나 이스라엘은 그 사랑을 잊고 신실하지 못한 삶을 살았다.

2) 책망과 회개의 촉구: 제사장들과 백성들은 하나님께 온전한 제사를 드리지 않았고 율법을 무시했다. 말라기는 백성들과 제사장들의 형식적인 신앙과 불의한 행위를 책망하며, 온전한 제사와 예배를 드릴 것을 촉구한다.

3) 미래의 심판과 회복: 하나님은 악인을 심판하시고 의인을 구원하실 것을 약속하신다. 메시아의 도래는 이스라엘의 궁극적인 회복과 하나님의 공의를 완전히 실현할 것이다.

4. 구조

구분	범위	주요 내용
사랑의 메시지	1:1-5	하나님의 사랑 선언과 에돔의 멸망
책망의 메시지	1:6-3:12	제사장들의 타락, 백성들의 불신앙, 십일조의 실패
소망의 메시지	3:13-4:6	심판과 구원의 약속, 메시아와 엘리야의 재림 예고

5. 내용 분석

1) 말라기 1:1-5 | 사랑의 메시지

하나님은 이스라엘을 향한 변함없는 사랑을 선언하며, 그 증거로 에돔의 멸망을 언급하신다. 이스라엘 백성들은 하나님의 사랑을 의심했지만, 하나님은 그들과의 언약적 관계를 상기시키며 자신의 신실하심을 확증하신다.

NOTE

말라기 1장 2절을 적어보세요.

2) 말라기 1:6-3:12 | 책망의 메시지

(1) 제사장들의 책망(1:6–2:9)

제사장들은 부정한 제물을 드리고, 하나님의 이름을 멸시하는 죄를 범한다. 그들은 형식적인 예배를 드림으로 하나님의 거룩함을 무시한다. 하나님은 그들에게 온전한 제사와 경건한 예배를 요구하며, 진정한 경외심과 순종을 회복하라고 명령하신다.

말라기 1장 11절을 적어보세요.

(2) 백성들의 죄악(2:10–16)

이스라엘 백성은 서로 간의 신뢰를 저버리고 불의를 행하므로 하나님과의 언약을 깨뜨렸다. 특히 우상을 숭배하는 이방인과의 결혼, 이혼과 아내를 학대하는 행위로 하나님을 노엽게 했다. 하나님은 결혼을 신성하게 여기고 서로 간의 신뢰를 회복할 것을 촉구하신다.

NOTE

말라기 2장 16절을 적어보세요.

(3) 주의 임재와 심판 예언(2:17–3:6)

이스라엘 백성들은 하나님의 공의를 의심하며 악인이 번영하고 의인이 고난받는 상황에 불만을 품었다. 하나님은 정결하게 하는 자와 심판자로서 임재하실 것을 약속하며, 악인에게는 심판을, 의인에게는 정결과 회복을 주실 것을 약속하신다.

말라기 3장 2절을 적어보세요.

(4) 십일조와 헌물의 소홀함(3:7–12)

이스라엘 백성들은 하나님의 것을 도둑질하며 십일조와 헌물을 소홀히 했다. 하나님은 그들에게 온전한 십일조와 헌물을 바치며 자신을 친히 시험해 보라고 말씀하신다.

말라기 3장 10절을 적어보세요.

NOTE

3) 말라기 3:13-4:6 | 소망의 메시지

하나님은 심판의 날에 의인과 악인을 분리하시고, 의인에게는 치유와 회복을, 악인에게는 멸망을 약속하신다. 또한 메시아의 도래와 엘리야의 사역을 통해 하나님의 구속 계획이 이루어질 것을 선언하신다.

말라기 4장 2절을 적어보세요.

6. 절대 긍정, 절대 감사 Point

1) 하나님의 공의와 사랑

말라기는 하나님의 변함없는 사랑을 선언하며 이스라엘 백성에게 그 사랑을 의심하지 말 것을 촉구한다. 하나님의 선택과 언약은 인간의 실패와 연약함에도 불구하고 지속된다. 하나님의 사랑이 우리의 삶에 기초가 되어야 하며, 그 사랑에 대한 응답은 감사와 순종으로 나타나야 한다.

하나님의 사랑을 신뢰하며 감사할 수 있는 점을 적어보세요.

2) 심판 속에서의 소망

하나님은 심판의 날을 예고하면서도 의인들에게 치유와 회복을 약속하신다. 말라기서에 나온 엘리야의 사역과 메시아의 도래는 하나님의 구속 계획을 완성시킬 희망의 메시지이다. 절망 속에서도 우리는 하나님이 주신 구원의 약속을 붙들고 살아가야 한다.

NOTE

하나님의 소망을 붙잡고 긍정적으로 실천할 방법을 적어보세요.

7. 과제

1) 말라기서를 읽으며 하나님의 말씀에 순종하기를 다짐해 보세요.

2) 말라기서 강의를 통해 받은 감동과 깨달음을 적어보세요.

NOTE

8. 장별 핵심 내용

1장 하나님의 사랑과 에돔의 멸망, 제사장들의 불성실한 예배 비판
2장 제사장들의 경고와 백성들의 불의, 이혼과 이방인과의 결혼 비판
3장 하나님의 공의로운 심판과 회복 약속, 십일조와 믿음의 실천 요구
4장 심판의 날과 의인의 회복, 메시아와 엘리야의 재림 예고

NOTE

부록

이스라엘의 명칭 변천 과정

북이스라엘·남유다 왕 및 선지자 정리표

선지자 활동연대 및 활동지역

부록1

이스라엘의 명칭 변천 과정

시대		
모세 시대	히브리인 이스라엘	
솔로몬 시대	**에브라임 / 이스라엘 / 북왕국** 수도 : 사마리아	**유다** (수도 : 예루살렘)
에스라 시대	**사마리아인** 북왕국 멸망 후 이방 민족과 혼합된 이스라엘 백성	**유다인**
예수님 시대	**사마리아인**	**유대인** 로마 시대에 종교·민족적 대표 명칭으로 불려짐
초대교회 시대		**헬라파 - 히브리파** 이방인 출신 그리스도인 - 유대인 출신 그리스도인

북이스라엘·남유다 왕 및 선지자 정리표

<table>
<tr><th>연대 및 외국 열강</th><th>북이스라엘의 왕</th><th>남유다의 왕</th><th>선지자</th><th>선지자 주요 활동 국가</th></tr>
<tr><td>1050-1010
(통일 왕국)</td><td colspan="2">사울</td><td>사무엘</td><td rowspan="3">이스라엘 전역</td></tr>
<tr><td>1010-970
(통일 왕국)</td><td colspan="2">다윗</td><td>갓, 나단</td></tr>
<tr><td>970-931
(통일 왕국)</td><td colspan="2">솔로몬</td><td>아히야</td></tr>
<tr><td rowspan="3">931-841
(아람)</td><td>여로보암(22년)</td><td>르호보암(17년)</td><td>하나님의 사람(무명)</td><td>북이스라엘, 남유다</td></tr>
<tr><td>나답(2년)
바아사(12년)</td><td>아비얌(3년)
아사(41년)</td><td>엘리야</td><td>북이스라엘</td></tr>
<tr><td>엘라(2년)
시므리(1주일)
오므리(12년)
아합(22년)
아하시야(2년)</td><td>여호사밧(25년)</td><td>엘리야, 엘리사</td><td>북이스라엘
남유다</td></tr>
<tr><td rowspan="3">841-722
(앗수르)</td><td>여호람(12년)
예후(28년)</td><td>여호람(8년)
아하시야(1년)
아달랴(7년)</td><td>엘리사</td><td>북이스라엘</td></tr>
<tr><td>여호아하스(17년)
요아스(16년)</td><td>요아스(40년)
아마샤(29년)</td><td>요나, 아모스, 호세아</td><td>앗수르
북이스라엘</td></tr>
<tr><td>여로보암II(41년)
스가랴(6개월)
살룸(1개월)
므나헴(10년)
브가히야(2년)
베가(20년)
호세아(10년)
※ 북이스라엘 멸망</td><td>웃시야(52년)
요담(16년)
아하스(16년)</td><td>이사야, 미가</td><td>남유다</td></tr>
<tr><td rowspan="2">722-586
(바벨론)</td><td rowspan="3">-</td><td>히스기야(29년)
므낫세(55년)
아몬(2년)</td><td>예레미야, 하박국</td><td>남유다</td></tr>
<tr><td>여호야김(11년)
여호아긴(3개월)
시드기야(11년)
※남유다 멸망</td><td>에스겔,
예레미야</td><td>바벨론
남유다</td></tr>
<tr><td>586-538 (바사)</td><td>스룹바벨</td><td>학개, 스가랴, 말라기</td><td>유다</td></tr>
</table>

부록3

선지자 활동연대 및 활동지역

구분	이름	활동연대(주전)	활동지역
바벨론 포로 이전	요엘	835-796	남유다
	요나	793-753	니느웨
	아모스	760-755	북이스라엘
	호세아	745-724	북이스라엘
	이사야	739-680	남유다
	미가	737-690	남유다
	나훔	664-612	남유다 및 이방
	스바냐	640-609	남유다
	하박국	609-600	남유다
포로 시대	예레미야	627-580	정복당한 남유다와 애굽
	다니엘	605-530	바벨론
	에스겔	593-570	바벨론
	오바댜	586년 이후	유다
포로귀환 이후	학개	520년경	유다
	스가랴	520년경	유다
	말라기	430년경	유다

"모든 성경은 하나님의 감동으로 된 것으로
교훈과 책망과 바르게 함과 의로 교육하기에 유익하니
이는 하나님의 사람으로 온전하게 하며
모든 선한 일을 행할 능력을 갖추게 하려 함이라"

(딤후 3:16-17)

한눈에 보는
구약 성경

이영훈 지음

초판 1쇄 발행 2025년 3월 10일
2쇄 발행 2025년 6월 12일

발 행 인 이영훈
발 행 처 서울말씀사

출판등록 제2016-000172호
주 소 서울시 영등포구 은행로 55, 5층
전 화 02-846-9222
팩 스 02-846-9225

ISBN 978-89-8434-914-8

*책값은 뒤표지에 있습니다.